UNE PAROISSE NORMANDE

UNE PAROISSE NORMANDE

NOTICE HISTORIQUE

SUR

SAINT-DENIS-LE-VÊTU

PAR

L'Abbé E. Quinette

Prix : 1 franc 25

H. G.

...hes. — Imprimerie Typ. et Lith. de Henri Gibert,
Rue des Fossés, 4 et 6, près l'Hôtel-de-Ville.

— 1889 —

UNE PAROISSE NORMANDE

NOTICE HISTORIQUE

SUR

SAINT-DENIS-LE-VÊTU

PAR

L'ABBÉ E. QUINETTE

H. G.

Avranches. — Imprimerie Typ. et Lith. de Henri Gibert,
Rue des Fossés, 4 et 6, près l'Hôtel-de-Ville.
— 1889 —

UNE PAROISSE NORMANDE

NOTICE HISTORIQUE

SUR

SAINT-DENIS-LE-VÊTU

PRÉFACE

La Notice historique que nous publions concerne une paroisse qui a passé par plusieurs phases différentes ; c'est ce qui donne une certaine variété au récit. Sans doute, il y a encore bien des lacunes à combler : cependant l'ensemble des faits principaux, surtout depuis le commencement du seizième siècle, apparaît avec assez de suite et de clarté. Nous les avons puisés à diverses sources, mais particulièrement dans les Archives de la Fabrique, qui sont assez riches en documents et qui, heureusement, n'ont pas été emportées par le flot révolutionnaire.

Cette Notice historique peut se diviser en cinq époques principales :

1° L'époque primitive, depuis les temps les plus reculés jusqu'en 1199 ;

2° L'époque du patronage unique de l'Abbaye de Blanchelande, depuis 1199 à 1492 ;

3° L'époque d'un triple patronage, depuis 1492 à 1789 ;

4° L'époque de la Révolution, de 1789 à 1803 ;

5° L'époque contemporaine, depuis 1803 jusqu'à nos jours.

Avant d'entrer dans le récit des faits, faisons une courte topographie de la commune.

La paroisse et commune de Saint-Denis-le-Vêtu, dans le département de la Manche et l'arrondissement de Coutances, est située à neuf kilomètres environ de cette ville, à huit cents mètres du côté de l'Orient de la route départementale de Coutances à Gavray. Le pays de Saint-Denis est accidenté ; il s'étend du sud-ouest au nord-est dans une longueur d'environ dix kilomètres. Il forme de l'est à l'ouest une suite de côteaux et de vallons traversés par des ruisseaux qui vont s'unir à la rivière de Vanne ; cette rivière va se jeter elle-même dans la rivière de Sienne, près Quettreville.

La contrée de Saint-Denis-le-Vêtu est très fertile, à l'exception d'une petite portion de terrain qui s'approche de la lande de Saussey et d'Ouville : c'était autrefois un pays boisé (1).

La commune de Saint-Denis-le-Vêtu touche à l'ouest à Contrières, au sud-ouest à Trelly ; ces deux communes se trouvent dans le canton de Montmartin-sur-Mer ; au nord-ouest, Saint-Denis touche à Saussey, commune du canton de Coutances ; elle est bornée au sud par Guéhébert, dont la sépare la rivière de Vanne ; au nord elle touche à Ouville, à l'est à Roncey. Elle appartient, comme ces trois dernières communes, au canton de Cérisy-la-Salle.

Elle s'étend à un kilomètre du bourg de Roncey, et à cet endroit la distance de l'église de Saint-Denis est d'environ sept kilomètres.

Nous ne dirons rien, dans cette Notice, du saint Patron de la paroisse, nous réservant, à cause de l'abondance des matériaux, d'en parler à part.

---

(1) Plusieurs propriétés depuis la lande d'Ouville, jusqu'au village appelé le Ménage-au-Conte, ont dû être défrichées dans le principe, et ce sont très probablement des moines qui ont opéré ces premiers défrichements.

CHAPITRE PREMIER

———◆◆◆◆◆———

EPOQUE PRIMITIVE

———◆◆◆◆◆———

La contrée appelée actuellement Saint-Denis-le-Vêtu était-elle habitée à l'époque de la domination romaine? Nous l'ignorons : sa fertilité naturelle rendait ce pays facile pour l'alimentation ; en outre, il y avait un grand nombre de bois sur les côteaux. On pourrait croire, à cause de cette facilité de culture et du goût des anciens habitants de la Gaule pour les pays boisés, que la contrée de Saint-Denis-le-Vêtu était habitée au temps du paganisme gaulois et de la conquête de la Gaule par César.

Les légions de ce Conquérant ont-elles envahi cette contrée? c'est bien probable. En tout cas, dans la partie nord-est de la commune, il reste encore quelque vestige d'une grande voie qui semble être une antique voie romaine : les Francs Neustriens et les seigneurs normands qui, après les Gallo-Romains, ont habité le pays, n'avaient pas l'habitude d'ouvrir de voies aussi larges. Coutances (1) n'était alors qu'un bourg, suivant la légende de saint Floscel, son premier martyr.

Quand ce bourg fut-il évangélisé? Ce fut, d'après la même source, au moins sous l'empereur Dèce et sous Valérien, gouverneur de la Gaule, à la même époque (250). (2).

———

(1) Coutances s'appelait alors *Cosedia*. Elle prit celui de *Constantia*, du nom de l'empereur Constance Chlore, qui la fit fortifier à la fin du III° siècle.

(2) *Floscellus, oriundus e pago Constantino, qui jam tunc evangelica prædicatione fuerat illustratus... Valeriani præsidis jussu captus est.* (Propr. brev. Constant. 17 sept.).

Il y en a qui prétendent qu'elle eut un évêque dès le second siècle de l'ère chrétienne ; cet évêque serait un saint du nom de Paterne, distinct de l'évêque d'Avranches qui porte ce nom. Quoi qu'il en soit, elle dut, dans le principe, avoir une chapelle presbytérale. Saint Ereptiole, saint Exupère, saint Léoncien, qui vivait en 511, puisqu'il assista en cette année au premier concile d'Orléans, mais surtout saint Lo, le plus illustre des premiers évêques de Coutances, évangélisèrent par eux-mêmes ou par des prêtres envoyés par eux les contrées voisines.

Sous les premiers Mérovingiens, les paroisses furent érigées en grand nombre, comme l'atteste M. l'abbé Iager dans l'*Histoire de l'Eglise Catholique en France.*

La paroisse de Saint-Denis-le-Vêtu fut-elle de ce nombre ? Nous sommes portés à le croire ; le qualificatif de *vêtu,* corruption du mot latin *vetus,* qui signifie vieux, semble indiquer une antique origine (1) ; ce qualificatif fut ajouté à Saint-Denis, près Coutances, quand se fonda un peu plus tard une autre paroisse du nom de Saint-Denis-le-Gast ou le Jeune (2) ; cette paroisse est située à quatre lieues environ de Coutances et à 9 kilomètres de Saint-Denis-le-Vêtu.

On ignore si l'église primitive était placée à l'endroit où elle se trouve actuellement. Quelques-uns disent qu'elle était autrefois au village appelé le Ménage-au-Conte ou Le Conte, à 500 mètres du côté nord de la route de Saint-Denis à Roncey et à 800 mètres du bourg de Saint-Denis. Néanmoins, il semble étrange qu'il ne reste aucun vestige de cette antique église : un champ, par exemple, aurait pu conserver le nom de *Champ-de-l'Eglise.* Jusqu'à preuve du contraire, nous pouvons croire que l'église primitive se trouvait placée à l'endroit où elle est maintenant.

(1) *Parochia apud Sanctum Dionysium veterem.* (Archives épiscopales).
(2) *Parochia apud Sanctum Dionysium juniorem. (Item).*

Les prêtres qui desservaient cette église sous les Mérovingiens percevaient déjà la dîme; car dans un concile tenu à Mâcon, en 585, on dit:

« Les lois divines ont ordonné qu'on payât la dîme de
» tous les fruits aux prêtres pour leur servir d'héritage, afin
» que, n'étant pas distraits par d'autre travail, ils pussent
» mieux vaquer aux fonctions spirituelles de leur ministère.
» Mais on néglige aujourd'hui des lois qui ont été si reli-
» gieusement observées par nos pères. C'est pourquoi nous
» ordonnons, sous peine d'excommunication, de payer les
» dîmes, selon l'ancienne coutume, afin que les prêtres,
» employant ces dîmes au soulagement des pauvres et au
» rachat des captifs, rendent efficaces les prières qu'ils font
» pour la paix et pour le salut du peuple. » Saint Prétextat,
métropolitain de Rouen, assistait à ce concile; ses suffra-
gants, parmi lesquels se trouvait l'évêque de Coutances,
étaient soumis à cette loi (1).

Sous les Carlovingiens, l'église primitive de Saint-Denis-le-Vêtu dut, comme toutes celles du pays, être ruinée et pillée par les barbares Normands qui dévastèrent notre pays.

D'après l'*Histoire de l'Eglise Catholique en France*, les abbayes se multiplièrent dans la région du Cotentin, bien avant cette terrible invasion (2). Il y en avait une très pro-bablement sur le territoire de Saint-Denis-le-Vêtu; l'empla-cement de cette antique abbaye se trouve sur la limite de cette paroisse et de celle d'Ouville. Or, le nom d'Ouville veut dire habitation d'*Ou*, comme Brucourt, dont nous parlerons, veut dire maison de *Bru*, et ce sont là vraisemblablement des noms normands. Il est bien probable que la partie d'Ou-ville la plus rapprochée de Saint-Denis appartenait avant les

---

(1) *Histoire de l'Eglise Catholique en France*, par M. l'abbé Iager,
tome III, p. 15.
(2) *Item*, tom. II, p. 232.

Normands à cette paroisse; celle-ci possédait donc l'antique abbaye d'Ouville. Une terre porte encore le nom de Terre de l'Abbaye, en souvenir de son existence.

Après le traité de Saint-Clair-sur-Epte, conclu en 911 entre le roi de France Charles-le-Simple et le chef normand Rollon, la Neustrie devint la possession des Normands et prit le nom de Normandie. Rollon distribua les terres de cette riche contrée à ses guerriers.

Saint-Denis-le-Vêtu se divisa en un double fief; le premier, qui comprenait les deux tiers de la paroisse, devint la propriété du seigneur de la Haye; l'autre tomba au pouvoir du seigneur de Savigny ou de Brucourt. C'est ce dernier nom qu'a retenu ce fief (1).

Le seigneur de la Haye reçut, après sa conversion, le droit de patronage ou de présentation à la cure dans l'église de Saint-Denis-le-Vêtu; il le retint jusqu'en 1199.

En l'année 1154, le seigneur de la Haye, appelé alors Richard de la Haye, fonda l'abbaye des Prémontrés de Saint-Nicolas-de-Blanchelande (2); elle se trouvait près de la Haye-du-Puits, dans la commune actuelle de Neufmesnil; elle est remplacée maintenant par une communauté de religieuses et possédée par un belge, M. le comte de Robersart, marié à la fille du duc de Praslin.

En 1199, Guillaume de Rollos, et Isabeau de la Haye, sa femme, fille et héritière de Richard de la Haye, donnèrent à l'abbaye de Blanchelande le fief qu'ils possédaient à Saint-Denis-le-Vêtu, l'église et les rentes de dîmes de cette paroisse, et, comme le dit une charte de cette époque, « Guillaume » de Rollos donne à l'abbaye le petit clos qu'il a auprès de » la maison d'Alain, son prévôt de Saint-Denys (percepteur

---

(1) Archives de la fabrique.
(2) Archives du département de la Manche.

» des redevances), et tout ce qui est en dehors du clos jus-
» qu'à la maison de Guillaume Lebarbeis entre le cimetière
et la fontaine. » (1).

La donation de l'église de Saint-Denis-le-Vêtu à l'abbaye
de Blanchelande fut d'abord confirmée en 1199 par Guillaume
de Tournebut, évêque de Coutances. Vivien, son successeur,
la confirma de nouveau en 1205, ainsi que Hugues de Morville et le chapitre de la cathédrale en 1211.

Robert de Dive, frère de Guillaume de Rollos, fut nommé
curé de Saint-Denis-le-Vêtu par l'abbé de Blanchelande ;
Robert de Dive était auparavant chanoine de la cathédrale
de Coutances. Il reconnut authentiquement la donation faite
par son frère et sa belle-sœur, quand il jura fidélité, en 1205,
aux chanoines réguliers de Blanchelande.

En 1202, Vivien, évêque de Coutances, avait par une charte
concédé à l'abbaye deux portions de la dîme de la paroisse
de Saint-Denis. Le seigneur du fief de Brucourt, qui s'appelait
alors Jean de Brucourt, avait un certain droit dans l'église
de Saint-Denis-le-Vêtu, puisqu'il possédait le tiers de la paroisse : en 1211 il abandonna ce droit à l'abbaye de Blanchelande, moyennant cession faite à son frère Henri de Brucourt
ou de Savigny, pour trois sous de rente, des dîmes du fief
de Recouvrier, près Coutances.

En même temps, Jean de Brucourt donnait au chapitre de
la cathédrale de Coutances la troisième gerbe des dîmes de
la paroisse de Saint-Denis-le-Vêtu. Cette donation fut confirmée par Hugues de Morville, évêque de Coutances, dans une
charte de l'année 1236. Cette charte confirme également
d'autres donations faites à l'insigne chapitre de la cathédrale
dans les églises de Cherbourg, de Vaudrimesnil, de Haute-
ville-la-Guichard, de Belval, de Canisy, de Tessy, de Heu-

(1) Archives du département de la Manche.

gueville, de Roncey, de Laulne, de Tourville, de Monthuchon, etc. (1).

Après ces donations, il ne restait plus au curé de Saint-Denis-le-Vêtu que les menues et vertes dimes de sarrasins et de légumes, et les dimes novales de la paroisse : on appelle dimes novales celles des terres défrichées depuis les donations primitives.

Nous aurons souvent l'occasion dans la suite de parler de ces dimes.

(1) Archives de la fabrique.

CHAPITRE II

DEUXIÈME EPOQUE

Saint - Denis - le - Vêtu sous le patronage de l'Abbaye de Blanchelande.

(1199-1492)

Durant cette période de l'existence de la paroisse, les curés de Saint-Denis-le-Vêtu furent nommés par l'abbé de Blanchelande.

Le premier curé, comme nous l'avons vu, fut Robert de Dive, frère de Guillaume de Rollos.

Après lui, on remarque Thomas du Molay : il eut en 1337 un désaccord à propos des dîmes novales, avec l'abbé de Blanchelande et le chapitre de la cathédrale ; il finit par abandonner à l'abbé de Blanchelande et au chapitre de la cathédrale les dîmes novales de la paroisse, moyennant une rente annuelle de six livres de la part de l'abbé, et de trois livres de la part des Chanoines de Coutances. Il était un des descendants de Raoul du Molay qui, au commencement du treizième siècle, donna à l'abbaye de Blanchelande toutes les appartenances que Guillaume d'Aumesnil et ses perchonniers ou fermiers tenaient de lui dans les paroisses de Saint-Denis-le-Vêtu et de Guéhébert : le fief d'Aumesnil contenait

40 acres (1), c'est-à-dire de 20 à 30 hectares. La famille d'Aumesnil fut la bienfaitrice de l'abbaye de Blanchelande durant le treizième et le quatorzième siècles (2).

A la fin du treizième siècle, Vincent d'Aumesnil lui fait une donation de pièces de terre aux abords de la rivière de Vanne. Un de ses descendants, Geoffroy d'Aumesnil, lui fait une nouvelle donation, mais quelque temps après, en 1386, ce même Geoffroy a, touchant cette donation, une procédure à soutenir avec l'abbé de Blanchelande.

Outre les seigneurs d'Aumesnil, on remarque encore à cette époque, à Saint-Denis-le-Vêtu, le seigneur du fief de Brucourt. Il s'appelait au commencement du quinzième siècle Guillaume de Colombières ou de Coulombières. Il avait acquis ce fief du sieur de Tribouville, héritier vers 1300 du sieur de Brucourt (3).

Le manoir de Brucourt, situé sur la route de Saint-Denis à Roncey, à quatre kilomètres du bourg de Saint-Denis, avait été bâti, vers le onzième siècle, par un vassal du seigneur de Savigny. Il était placé dans un site pittoresque et bordé d'un étang dont l'étendue était d'un hectare, et qui actuellement est en partie comblé ; ce manoir se trouvait à une vingtaine de mètres, du côté du sud-ouest, de la maison actuelle du propriétaire de Brucourt. Il était entouré d'un bois très étendu qui est maintenant complètement défriché. La terre de Brucourt est encore une des plus belles terres de Saint-Denis-le-Vêtu.

En 1413, le seigneur du fief de Brucourt, Guillaume de Colombières, devenait, par un arrêt du roi Charles VI, propriétaire d'un bois d'environ 10 hectares, nommé le Bois du

---

(1) Archives du diocèse de Coutances.
(2) Archives départementales.
(3) Archives paroissiales : extrait du Livre blanc de l'Evêché pour l'art. de Saint-Denis-le-Vêtu.

parc de Brucourt ; ce bois appartenait à l'Etat et était sous la domination du maître des eaux et forêts (1).

Guillaume de Colombières fit en grande partie défricher ce bois par des moines Bénédictins de l'abbaye de Hambye (Gavray) (2), et en 1415, il récompensait cette abbaye en lui faisant une donation de froment à prendre sur ces terres défrichées (3). Cette abbaye, dont il subsiste encore des ruines intéressantes, fut fondée au douzième siècle par Guillaume Paisnel ; elle était située près de la rivière de Sienne, bordée d'un côté par des bois et des rochers et de l'autre par une magnifique prairie. On y remarquait surtout un puits d'une extrême profondeur.

L'abbaye de Hambye possédait à Saint-Denis-le-Vêtu ce que lui avait concédé le seigneur de Brucourt, et elle recueillait, à l'époque de la Révolution, 34 boisseaux de froment dans cette paroisse (4).

Ce fut en 1415 que les Anglais envahirent la France et remportèrent la victoire d'Azincourt.

En 1417, ils s'emparèrent de la Normandie : les villes de Vire, de Saint-Lo et de Coutances furent prises. Le pays de Saint-Denis-le-Vêtu tomba sous la domination des Anglais : Guillaume de Colombières vit son manoir de Brucourt passer aux mains de ses ennemis. Son manoir était fortifié par des douves et probablement par quelques remparts que les seigneurs ses prédécesseurs avaient fait élever : comme tout y a été bouleversé pendant la Révolution et même un peu auparavant, il ne reste plus aucun vestige de cet antique manoir.

(1) Archives de la fabrique.
(2) Nous mettons entre parenthèse le nom du chef-lieu de canton.
(3) Archives de l'Evêché.
(4) Le boisseau était une mesure qui variait suivant les coutumes de chaque contrée.

Le seigneur Anglais qui s'empara de ce manoir le fit réparer et bâtit à côté une chapelle maintenant convertie en grange. C'est du moins ce que rapporte la tradition. Le style de cette chapelle paraît bien ne pas être antérieur à cette époque.

Des seigneurs Anglais construisirent ou du moins adaptèrent à leur usage les maisons de Bosville et du Châtel, qui devinrent ainsi des manoirs assez importants : le manoir de Bosville est situé, du côté de l'orient, en face de l'église de Saint-Denis ; celui du Châtel se trouve sur la route de Saint-Denis à Contrières, à 500 mètres environ de la route départementale de Coutances à Gavray.

En 1450, après la bataille de Formigny, les Anglais furent chassés de France. Les sieurs de Colombières redevinrent propriétaires du manoir de Brucourt. Les sieurs de Hérouville et du Châtel occupèrent ceux de Bosville et du Châtel, abandonnés par les Anglais.

La paroisse de Saint-Denis-le-Vêtu rentra dans le calme. La fabrique se constitua vers cette époque d'une manière définitive. Elle se composait du curé et de quelques paroissiens appelés marguilliers. C'est en 1453 qu'eut lieu la première fondation qui subsiste encore : elle était faite à la fabrique de Saint-Denis-le-Vêtu par M. l'abbé Jean, curé de Saint-Germain-de-Tournebut (Montebourg) ; la donation consistait en quatre boisseaux de froment, quatre sous au trésor de l'église, ainsi que deux poules à celui qui remplissait les fonctions de custos.

Quant à la commune, elle se fondait un peu avec la paroisse : les registres des baptêmes, inhumations et mariages étaient tenus par les prêtres.

Il devait y avoir, même durant cette période de l'histoire de la paroisse, des vicaires à Saint-Denis-le-Vêtu : car cette paroisse est étendue.

A cette époque, outre le nom des seigneurs que nous

avons cités, nous n'avons trouvé que celui d'Henri Esnault, aîné du fief de la Bosquerie : le 20 mars 1481, il rendait aveu au seigneur de Saint-Denis-le-Vêtu de la propriété d'une pièce nommée la Quesnée, située dans son fief (1). Cette famille Esnault, Hénault on d'Hénault deviendra très influente dans la paroisse au dix-septième siècle et au dix-huitième siècle.

Vers 1480, le curé de Saint-Denis-le-Vêtu, nommé par l'abbé de Saint-Nicolas-de-Blanchelande, s'appelait Nicolas Varrot. Il mourut en 1490. Il s'éleva alors, entre le seigneur abbé de Blanchelande et l'évêque de Coutances, Geoffroy II Hébert, une procédure touchant le patronage de la paroisse de Saint-Denis-le-Vêtu (2). Cette procédure se termina par un accord fait en 1492 à la condition que les deux parties auraient alternativement le droit de présenter à la cure, et que l'évêque de Coutances exercerait le premier ce droit.

De plus, il y eut, à partir de cette époque, un seigneur civil, patron honoraire de la paroisse. Auparavant, l'abbé de Blanchelande en était lui-même l'unique patron. Ce fut un sieur Le Conte de l'Epiney qui fut choisi comme seigneur et patron honoraire de la paroisse de Saint-Denis-le-Vêtu.

(1) Archives paroissiales, concernant les affaires de l'abbaye de Blanche-lande.
(2) Archives du diocèse.

CHAPITRE III

TROISIÈME EPOQUE

Saint-Denis-le-Vêtu sous un triple Patronage.

(1492 à 1789)

Cette troisième époque est beaucoup plus intéressante que les deux autres. Elle va nous montrer à peu près ce qu'était dans une paroisse avant la Révolution l'ancien Régime. Nous allons en voir le bon et le mauvais côté.

Nous diviserons cette époque en cinq périodes, suivant les faits principaux à signaler.

PREMIÈRE PÉRIODE

Construction de la tour actuelle.

(1492 à 1502)

Le premier curé nommé, à partir de 1492, fut présenté par l'Evêque de Coutances; il s'appelait M⁰ Durand de Commergon.

En 1500, il eut pour successeur M⁰ Nicolas d'Oessey, présenté par l'abbé de Blanchelande. Ce fut sous lui, en 1506, que l'on commença à construire la tour actuelle; la date est inscrite sur cette tour elle-même, du côté du midi, et le premier compte de la fabrique, que nous avons recueilli, a été fait en 1515, et relate le paiement d'un sieur Fleury, « qui a aidé à faire la tour. » Cette tour ogivale, d'une solidité à toute. épreuve, a dû réclamer des ouvriers du temps un travail actif et persévérant. Ce fut, dit la tradition, un nommé Goesle qui la bâtit pour une place avec droit de sépulture dans l'église de Saint-Denis-le-Vêtu, une pipe de cidre (1) et une somme de trente-cinq livres. On raconte, à propos de la construction de cette tour, un incident assez curieux : on avait promis à Goesle et à ses ouvriers de leur donner du cidre pendant la durée des travaux. Mais, paraît-il, ils trouvèrent qu'on ne leur en donnait pas assez ; alors, pour se venger, ils placèrent les plus belles pierres de l'édifice à l'intérieur, au lieu de les placer à l'extérieur.

La construction de la tour actuelle est le seul acte qu'on connaisse de l'administration de Nicolas d'Oessey.

En 1508, Geoffroy Hébert présenta à sa place Mᵉ Robert de Longueil qui l'emporta sur Martin Le Ballois ou Le Vallois, patronné par l'abbé de Blanchelande. Robert de Longueil était de la famille de Richard de Longueil, cardinal et évêque de Coutances de 1453 à 1470.

Au temps de Robert de Longueil, on voit le nom de Raoult Le Conte de l'Epiney, seigneur et patron honoraire de la paroisse ; ce seigneur eut, en 1510, une procédure à soutenir avec l'abbé de Blanchelande auquel il devait deux arrérages d'une rente de deux boisseaux de froment (2).

Ce fut encore sous Robert de Longueil, en 1512, que

---

(1) Grande futaille, dont la capacité variait suivant les localités.

(2) Archives du département de la Manche, art. concernant l'abbaye de Blanchelande.

furent placées dans la tour nouvellement bâtie trois cloches de différentes grandeurs.

Au commencement du seizième siècle, il y eut comme vicaires à Saint-Denis-le-Vêtu Mrs Pierre Crouin et Richard Leboulley; celui-ci était receveur des rentes de l'église en 1511. L'autre est cité en 1515 comme trésorier de la fabrique; il était aussi maître d'école : à cette époque, les prêtres des paroisses étaient instituteurs. L'ancienne école des garçons était au village de la Scellerie, à environ trois kilomètres est du bourg de Saint-Denis. Pierre Crouin possédait un fief héréditaire dans ce village : on peut conjecturer qu'à cette époque de la Renaissance des lettres et des sciences, c'est lui-même qui a fondé cette école. L'ancienne école des filles était au village de la Tasterie, situé, du côté de l'est, à deux kilomètres et demi du bourg de Saint-Denis.

Outre le nom des deux prêtres que nous venons de citer, nous trouvons celui de Me Enguerrand Le Conte, bienfaiteur de l'église de Saint-Denis (1515), et celui de Richard Esnault, enterré vers 1517 dans l'église de cette paroisse (1).

Ce fut vers cette époque que le droit de patronage de la paroisse passa de la famille Le Conte à la famille de Venne, de Fontenay; le manoir de Fontenay, dans la paroisse de Saint-Denis-le-Vêtu, se trouvait à un kilomètre est du pont de Saint-Denis, situé lui-même sur la route de Coutances à Gavray.

En 1537, Me Pierre Tronquet prenait possession de la cure de Saint-Denis-le-Vêtu (2).

En cette même année, messire Jean de Colombières, avec son frère Gilles, abandonnait sa terre et son domaine de Brucourt, par un contrat de vente fait le 20 septembre,

---

(1) Archives paroissiales.
(2) Archives du diocèse.

à Rouland Escoullant, sieur de Hautmanoir, à Saint-Denis-le-Gast (1).

Trois ans après, en 1542, M° Pierre Guislard, prêtre, vicaire de Saint-Denis, devenu fermier des dîmes du chapitre de la Cathédrale de Coutances, faisait un accord avec lui de manière à ne payer qu'une rente de trois livres au curé de Saint-Denis pour les dîmes novales contenues dans le trait du chapitre (2). Cet accord amènera plus tard un désaccord entre le chapitre et le curé.

Outre ce vicaire, on remarquait encore à cette époque, parmi les prêtres de Saint-Denis-le-Vêtu, M° Paul Barbou, trésorier de la fabrique en 1549. Au siècle suivant, en 1666, un autre membre de cette famille, originaire de Saint-Denis-le-Vêtu, M° Jean Barbou, curé de la Rondehaye, près Coutances, et archidiacre du Val-de-Vire, faisait une fondation à la fabrique de St-Denis-le-Vêtu ; elle consistait en vingt-quatre livres de rente pour les messes de l'octave du Saint-Sacrement. Au dix-huitième siècle, en 1725, un sieur Pierre Barbou a fait également une fondation à la fabrique ; cette fondation consistait en un capital destiné à dire trois messes hautes, la première du Saint-Esprit, la deuxième de la Sainte-Vierge et la troisième de *Requiem*, suivie d'un *Libera* et *De Profundis*, et cela le lendemain du jour Saint-Pierre, à l'intention du fondateur et de Françoise Fauchon, son épouse.

On peut encore voir en 1549, parmi les prêtres de Saint-Denis-le-Vêtu, M°° Léonard Jourdan et Gilles Lenormand (3).

---

(1) Archives paroissiales, art. concernant l'abbaye de Blanchelande et le Chapitre de la Cathédrale (1671).

(2) Archives paroissiales.

(3) Archives paroissiales, compte de fabrique (1549), fait par M°° Paul Barbou et Joachim de la Rue.

Il y avait donc à cette époque cinq prêtres dans cette paroisse; il devait y avoir alors près de deux mille habitants, comme nous le constaterons plus tard dans une déclaration d'un curé de la paroisse.

Voyons maintenant ce qui concerne, durant les guerres de religion, Saint-Denis-le-Vêtu et ses seigneurs.

DEUXIÈME PÉRIODE

(1562 à 1598)

Guerres de Religion et de la Ligue

Après le massacre des protestants à Vassy, la guerre de religion s'organisa et se répandit surtout dans nos contrées (1562). (1).

Les protestants de la Manche eurent de suite trouvé les chefs qu'il leur fallait pour les mener en bataille. François de Colombières fut d'abord le grand guerrier du Cotentin.

Le 10 août 1563, il fit irruption dans la ville épiscopale de Coutances. Là, s'il faut en croire Rouault, un des plus anciens historiographes de nos évêques, ce furent des carnages si horribles qu'on n'entendait que les cris confus des hommes qu'on égorgeait, des prêtres, religieux et religieuses qu'on massacrait, et de toute la populace qu'on passait au fil de l'épée.

La porte du chapitre est forcée, des chanoines sont pillés et brûlés dans leurs maisons; la cathédrale est profanée.

Le sieur Yoland de Hérouville, habitant au manoir de Bosville, à Saint-Denis-le-Vêtu (2), était un des principaux

---

(1) *Guerres de religion dans la Manche*, par A. Delalande, *passim*.
(2) Archives départementales.

officiers de Colombières ; on l'appelait le colonel Saint-Denis. Il conduisait à sa suite quelques personnes de la paroisse ; le seigneur du Châtel, appelé aussi sieur de la Vallée, était un de ses compagnons d'armes.

Le colonel Saint-Denis fut un des cavaliers de Colombières qui, après avoir pillé Coutances, revinrent à Saint-Lo, à la tête d'une ignominieuse mascarade. Arthus de Cossé était alors évêque de Coutances. Après le sac de sa ville épiscopale, on l'emmène à Saint-Lo, on le garrotte et on l'assied sur un âne, dont les protestants lui font prendre la queue en guise de bride. Ils lui posent une mitre de papier sur le front, lui ajustent un jupon au lieu de chape ; ses assistants, couverts de sales oripeaux, doivent le précéder et le suivre.

Dans ce honteux travestissement, il est promené par sa ville seigneuriale de Saint-Lo, au milieu des crachats et des moqueries de l'armée protestante ; puis on le jette en prison.

Telle est, dans toute sa laideur, la barbarie de cette horde antichrétienne.

Le malheureux évêque prisonnier parvient à s'évader et se rend à Rennes auprès de son gouverneur, Sébastien de Luxembourg.

Montgommery, seigneur de Ducey (1), vient bientôt rejoindre de Colombières, le colonel Saint-Denis et leurs compagnons. Le commandement de toutes les troupes protestantes lui est dévolu dans la province de Normandie. Il a parmi ses principaux officiers les guerriers que nous venons de nommer.

Le colonel Saint-Denis est fait prisonnier à l'assaut de Vire avec plusieurs de ses compagnons.

Enfin la paix se fait par le traité du 19 mars 1563.

La guerre recommence en 1566. On revoit alors les protes-

---

(1) Ce seigneur avait, le 10 juillet 1559, fait dans un tournoi une blessure mortelle à Henri II, roi de France.

tants et les catholiques s'entregorger sur les routes et jusqu'au sein des sanctuaires. On ne sait ce qui eut lieu à Saint-Denis-le-Vêtu où habitaient des seigneurs catholiques et protestants ; car à côté des sieurs de Hérouville et de la Vallée, il y avait les sieurs de l'Epiney et de Fontenay qui étaient catholiques fervents. C'étaient les sieurs Jean et François de Venne, écuyers. Jean de Venne, sieur de l'Epiney, était patron honoraire de la paroisse. Le manoir de l'Epiney se trouvait à un kilomètre est du bourg de Saint-Denis, près la route actuelle de Roncey. Le seigneur du manoir de Boisroger, appelé Le Conte, était aussi catholique : car on voit, dans les comptes de fabrique de cette époque, qu'il payait régulièrement, comme les sieurs de Venne, des rentes au trésor de l'église de Saint-Denis-le-Vêtu.

Ces seigneurs durent quelquefois essuyer des tracasseries, pour ne pas dire davantage, de la part des partisans des sieurs de Hérouville et de la Vallée ; mais la majorité de la population de Saint-Denis était rangée de leur côté.

La guerre commencée en 1563 dure jusqu'en 1570 : en cette année, les batailles de Jarnac et de Moncontour amènent la pacification.

Mais le 24 août 1572, le massacre de la Saint-Barthélemy rallume la guerre. La partie centrale du Cotentin se soulève. Les sieurs de Hérouville et de la Vallée vont, avec Colombières, rejoindre leurs coreligionnaires de Saint-Lo.

Matignon, comte de Thorigny, vient les y assiéger ; de Colombières avait au mieux fortifié les côtés faibles de la place, tels que la partie du Neufbourg et de Saint-Thomas. Sa tour du nord, près de la porte Dollée, et nommée la tour de la Rose, était de même en parfait état de défense, aussi bien que sa tour du midi, connue sous le nom de Beauregard ; elle était placée au-dessus des rochers de la Poterne, qui dominent la Vire.

Mais ce qui fortifiait davantage le vieux huguenot, c'était l'animation des habitants : ils étaient excités par une femme nommée Julienne Couillard.

Matignon demande d'abord à Colombières de se rendre. Celui-ci refuse, et le siége de la ville commence. Trois assauts sont donnés par les troupes catholiques; mais c'est en vain. Un quatrième assaut est presqu'aussitôt commencé ; les troupes des catholiques escaladent les remparts de Beauregard, mais sont repoussées. Alors un sergent de l'armée de Matignon, dont le feu partant de Beauregard se croise avec celui des colonnes, a cette fois visé plus haut qu'au défaut de la cuirasse, et sa balle, frappant en tête le vieux Huguenot, lui donne le coup de la mort. C'était le 10 juin 1573. Ainsi périt ce grand ennemi des catholiques, qui avait porté la terreur dans notre pays. La ville de Saint-Lo fut prise par Matignon.

De Colombières avait deux fils : l'un âgé de quinze ans était appelé Jean de Bricqueville, il continuera les traditions guerrières de son père : le colonel Yoland de Hérouville, de Saint-Denis-le-Vêtu, s'attacha à sa fortune et le suivit dans les combats. L'autre se nommait Henri de la Luzerne.

Avant la prise de Saint-Lo par Matignon, le pays de Coutances avait craint un moment les ravages des Huguenots ; mais tout rentra dans le calme, lorsque François de Colombières eut disparu, et « les arquebuses des protestants du pays restèrent pour un temps suspendues à leurs vieilles cheminées. »

Pendant que guerroyaient les seigneurs protestants de Saint-Denis-le-Vêtu hors de cette paroisse, celle-ci était assez tranquille ; car on constate, d'après les archives paroissiales, que les choses allaient leur cours ordinaire. D'ailleurs, en général, le pays avoisinant Coutances n'eut pas alors tant d'effervescence que le pays de Saint-Lo (1).

_____

(1) *Histoire des guerres de religion dans la Manche.*

En l'année 1575 furent placés dans l'église de Saint-Denis-le-Vêtu les fonts baptismaux en granit qui subsistent encore actuellement.

En 1576, la guerre recommença par l'association ou la Ligue de Péronne faite par les catholiques. Le duc Henri de Guise se trouva mis à la tête des Ligueurs. Les huguenots à leur tour s'assemblèrent et déclarèrent prendre pour leur chef Henri de Navarre, qu'ils opposèrent à Henri III, roi de France.

Bientôt la guerre fut allumée sur tous les points du royaume.

En 1588, après l'assassinat du duc de Guise par des émissaires d'Henri III, plusieurs protestants et catholiques à la fois se rallièrent à la cause de Henri III.

Le duc de Montpensier se mit, en Normandie, à la tête de ces derniers. Au mois d'avril 1589, il fit un suprême appel à tous ceux qui tenaient pour le roi, et il leur assigna la ville de Caen comme rendez-vous. Les protestants et les catholiques confondirent leurs rangs ; ils se divisèrent en quatre régiments de pied qu'avaient organisés d'une part les jeunes de Montgommery et de Colombières, et d'autre part d'Ailly et le colonel Saint-Denis. Le fils de Matignon, comte de Thorigny, vint aussi les rejoindre et se mettre avec ses troupes sous le commandement du duc de Montpensier.

Bientôt Henri III est assassiné par Jacques Clément. Le duc de Montpensier se met alors du parti d'Henri IV de Navarre.

Le colonel Saint-Denis resta avec Montgommery du côté des Ligueurs, contre le duc de Montpensier. Il fut un de ces Ligueurs qui, courant de château en château, traitaient en ennemis tous ceux dont l'opinion ne concordait pas avec la leur, et qui se souillèrent, le 25 mai 1590, du sang de messire Philippe Troussey, abbé de Blanchelande, en même temps qu'évêque de Porphyre et suffragant de Coutances.

Le colonel Saint-Denis prit part au siège d'Avranches et de Pontorson, au pillage et à l'incendie de cette dernière ville ; puis il essaya, avec ses compagnons d'armes, de s'emparer du Mont Saint-Michel, mais il fut obligé de battre en retraite.

Il s'en alla ensuite faire le siège de Rouen avec ses troupes ; mais au commencement de l'année 1592, Henri IV, ayant fait aux Ligueurs un puissant appel pour cesser ce siège, le colonel Saint-Denis s'éloigna, avec ses 600 arquebusiers à cheval (1).

Cependant, il continua toujours la guerre, ravageant la presqu'île du Cotentin, dévastant les châteaux, incendiant les maisons.

Au commencement de juin 1597, Saint-Denis se rendit avec plusieurs de ses compagnons, entre autres le sieur de la Vallée, au manoir de Belval, où habitait Jean Yvelin (2), seigneur de cette paroisse. Saint-Denis et ses compagnons ordinaires se réunissent pendant la nuit au Manoir de Bosville. Ils délibèrent et conviennent d'enlever Jean Yvelin, de l'emmener prisonnier et de lui arracher une forte rançon. L'entreprise paraît avantageuse ; car Jean Yvelin est très riche. L'exécution semble facile : il est vieux, malade et sans enfants pour le secourir. Le dimanche de la Trinité, vers sept ou huit heures du matin, Saint-Denis et une dizaine d'hommes armés, les uns à cheval, les autres à pied, arrivent au manoir de Belval, où ils croient surprendre leur victime. Mais la Providence déjoue souvent les complots des méchants — Jean Yvelin est depuis quatre jours en sa maison de la Fauvellière, à Savigny (Cérisy-la-Salle).

---

(1) *Histoire des guerres de religion dans la Manche,* par l'auteur déjà cité.

(2) C'était un descendant des Yvelins qui se distinguèrent aux Croisades. (*Notice historique sur Savigny,* par l'abbé Lemasson).

Saint-Denis et ses compagnons se dirigent vers la Fauvellière, passent par l'église de Savigny, vers neuf heures. C'était le moment où commençait la messe paroissiale dans ce temps-là. Ils injurient et menacent même de leurs pistolets les paroissiens qui se rendent à l'église. Bientôt tout le monde sait qu'une troupe de brigands prend le chemin de la Fauvellière, sans doute pour faire un mauvais coup, peut-être pour tuer le seigneur de Belval, qui était très bienfaisant et très aimé à Savigny. Tous les hommes quittent précipitamment l'église, s'arment comme ils peuvent, et conduits par Jean-Baptiste Yvelin, sieur de la Remondière, cousin de Jean Yvelin, Charles Lemaitre, sieur du Livet et Adrien Michel, sieur de la Malherbière, ils courent à la Fauvellière, pour sauver, s'il en est encore temps, le seigneur de Belval. Quand les hommes de Savigny arrivent à la Fauvellière, Saint-Denis et ses compagnons ont déjà pillé le manoir, insulté et menacé le pauvre Jean Yvelin, malade et âgé de 72 ans.

Saint-Denis, averti que les paroissiens de Savigny arrivent de tous côtés, remet à la hâte sa cuirasse, qu'il a déposée pour déjeûner, monte à cheval et fait marcher Jean Yvelin au milieu de sa troupe. A cent cinquante pas de la maison, sur la chaussée, Saint-Denis et ses gens saisissent leurs pistolets et tirent dans la foule ; mais, dans cette foule, il y a des hommes armés, et c'est le cas, ou jamais, d'une légitime défense. Plusieurs coups d'arquebuse atteignent en même temps Saint-Denis et son cheval. Saint-Denis tombe mort avec le malheureux cheval appelé *Séjan*, « pour lequel avoir il avait assassiné le capitaine Tartre, son ami, dans le Mont Saint-Michel (1). »

Ainsi périt misérablement cet indigne seigneur de Saint-

---

(1) *Notice historique sur Savigny*, par M. l'abbé Lemasson.

Denis-le-Vêtu, ce monstre d'iniquité qui était la terreur de la contrée. La paroisse de Saint-Denis-le-Vêtu dut enfin respirer à la mort de ce tyran. Les seigneurs de Venne et Le Conte et tous les gens de bien de la paroisse étaient dans l'effroi. On ignore s'il pilla leurs manoirs et leurs maisons. C'est peu probable ; car, nous le répétons, la majorité de la population était demeurée fidèle aux seigneurs catholiques, qu'ils devaient défendre contre toute attaque. En tout cas, cette mort tragique produisit un effet salutaire dans la contrée. Le seigneur Jean de Venne, sieur de l'Epiney et de Blanchelande, patron honoraire de la paroisse, prouvait bien qu'il était, à l'encontre des sieurs de Hérouville et de La Vallée, un fervent catholique.

Voici son testament (1) fait le 23 janvier 1598 :

» Je, Jean de Venne, écuyer, sain de mon corps, esprit
» et entendement, cognoissant la mort être à tous certaine
» et l'heure d'icelle incertaine, fais mon testament et der-
» nière volonté ainsy qu'il en suit :

» Je recommande mon âme à Dieu mon Créateur, à la
» benoîte Vierge Marie, à monsieur sainct Michel ange, à
» messieurs sainct Pierre et sainct Paul, à monsieur sainct
» Denys, mon patron, à monsieur sainct Estienne et à toute la
» court céleste du Paradis ; et veulx mon corps être inhumé
» dans l'église de Saint-Denys, auprès de mes prédécesseurs,
» et iceluy être porté par six des religieux du couvent de
» Granville, lesquels je prie faire mes obsèques et funérailles
» et prier Dieu pour mon âme ex amys à la mort comme en
» la vie, priant ma femme et enfants de traiter lesdits reli-
» gieux honnestement, afin de les obliger à prier Dieu pour
» ma pauvre âme, et contynuer à les recouvrir et loger
» après mon déceds comme de mon vivant.

» Et prye ma femme et mon fils aisné, lesquels je prends
» pour exécuteurs du présent mon testament ne faire grand

(1) Il se trouve dans les archives de la paroisse.

» banquet (1) à mes obsèques, mais faire bien leur debvoir
» à l'église et y faire dire grand nombre de messes et
» faire bien l'omosne de pain sans argent et donner à chacun
» pauvre indigent ung pain suffisant pour le nourrir ung
» repas.

   » Et les biens temporels que Dieu m'a donnés en ce mortel
» monde, je les laisse pour estre partis y moitié (2) entre ma
» femme et mes enfants, auxquels je commande traiter leur
» mère humainement et lui bailler tout ce qu'elle voudra
» desdits biens; car elle a travaillé à les acquérir et conserver.
» Et sy on la veut empescher d'en avoir la moitié, je luy
» donne le tiers qui est à prendre des biens meubles oultre
» ce qui lui en échoit y la coutume (3) de ce pays.

   » *Item* je donne à l'hostel-Dieu de la Magdalène de Roncey
» la somme de deux escus lesquels je veulx y être envoyés
» incontinent après mon déceds et en apporter quittance du
» récépissé dudit hostel-Dieu.

   » *Item* je donne aux églises de St-Denys, Contrières,
» Ouville, Tresly, Roncey et Guéhébert, à chacune dix sols,
» et dix sols de luminaire à monsieur sainct Cosme (4), afin
» que en toutes lesdites églises ils fassent y prosne (5) souvenir
» pour mon âme, auxquelles pryères je veulx estre nommé,
» afin que ceulx qui m'auront connu prient plus dévotement
» Dieu pour moy.

   » *Item* je veulx et ordonne que chacune de mes filles ait
» pour son mariage quarante escus de rente et chacune
» deux cents escus pour le moins pour leurs acoutrements,
» basgues et jouyaux, et veulx il soit mys aux traictes (6) de
» leurs mariages que lesdites bagues, jouyaux et acoutre-
» ments ne seront ypothéqués, affectés ni obligés pour les
» debtes de leurs maris, et pour les rendre plus valides, les

_____

(1) De ne point faire grand banquet.
(2) Partagés par moitié.
(3) D'après la coutume.
(4) Patron de la paroisse de Roncey, ainsi que saint Damien.
(5) Au prône.
(6) Je veux qu'il soit mis dans les clauses.

» faudra faire infyrmer à l'affiche (1), et y mettre aussi que
» sy lesdits maris prédécèdent, elles remporteront tous leurs
» acoutrements, bagues et jouyaux exempts de toutes debtes,
» ou la somme de deux cents escus à leur goût. Et aussi
» elles préviendront leurs maris qu'elles pourront testamenter
» et léguer jusques à la somme de cent escus ou telle autre
» somme qu'il sera accordé à leur gré, lesquels legs testa-
» mentaires leurs maris seront tenus payer incontinent après
» le décéds de leurs femmes. — Et ou lesdites femmes n'au-
» ront fait aucun testament (2), lesdites sommes reviendront
» à leurs héritiers autres que leurs enfants.

» *Item* je prye ma femme, mon fils aisné et tous mes en-
» fants de fonder une messe chacun jour de la semayne à
» être dite et célébrée en ladite esglise de Sainct-Denys
» devant l'autel où est de présent l'ymage de monsieur sainct
» Nicolas et faire mettre audit autel ung ymage de monsieur
» sainct Estienne (3), et fonder ladite messe en l'honneur de
» Dieu et de monsieur sainct Estienne, et donner entre autres
» choses pour la fondation de ladite messe la maison et jar-
» din lesquels furent à Guillaume Lelièvre, lesquels j'ay à
» cette fin et intention acquits pour descharger mon âme de
» l'obligation en laquelle damoiselle Jehanne Anquetil, ma
» mère, m'a obligé par son testament de fonder ladite messe.

» Et je voulx qu'il soit mys dedans le contract de ladite
» fondation que ladite messe est fondée pour les âmes de tous
» mes prédécesseurs, parents et amys et bienfaiteurs, et
» spécialement pour les âmes de nobles hommes Guillaume
» de Venne, Jehan de Venne, son fils, ledit Jehan, père de
» Olyvier de Venne et ledit Olyvier mon père, et aussy pour
» les âmes de ladite damoiselle Jehanne Anquetil, ma mère,
» nobles hommes maistres Pierre Anquetil, vicomte de Cou-
» tances, Jehan Anquetil, prêtre, curé de Nostre-Dame-de-
» Renévil (4), nobles hommes Pierre de Nossy, et damoiselle

---

(1) Il faudra faire annuler toute hypothèque, etc.
(2) Et si les femmes n'ont fait aucun testament.
(3) Cet autel a été celui de saint Sébastien et est mai   nant dédié à saint Joseph.
(4) C'est probablement le nom ancien de N.-de-Régnéville.

» Jehanne Escoulant sa femme, seigneurs de la Suhardrée
» et Brucourt, et damoiselle Marye de la Haye, noble homme
» Robert Le Roux, sieur de la Haye-Comtesse, et autres mes
» parents et amys, de la fondation de laquelle messe je
» charge les âmes de ma femme et enfants, lesquels en
» demeureront chargés devant Dieu, s'ils ne la fondent, d'au-
» tant que je leur laisse biens suffisants pour ce faire, les-
» quels sont provenus de la succession de ma deffunte mère.
» Je prye ma femme et mon fils aisné d'exécuter le présent
» testament incontinent après mon décès, et de l'augmenter
» s'ils voyent que bien soit sans aucunement le dymynuer ;
» Et en l'exécution d'iceluy, user (1) du conseil de noble
» homme Robert Le Roux, sieur de la Haye-Comtesse, lequel
» je prie aider à ma femme et enfants et faire comme je
» voudrais que je fisse pour luy en cas pareil.
» Item je donne à mon filleul, Me Jehan Amy, prêtre, curé
» de La Pierre, la somme de dix escus lesquels je veulx estre
» employés pour lui faire une robbe honneste (2), afin d'estre
» participant en ses pryères et oraisons, et le prye assister
» ma femme et enfants et essayer à les faire unir ensemble
» en toute amytié et concorde.
» Et exhorte et commande à tous mes enfants, spéciale-
» ment à mon fils aisné, chef et conducteur des autres, obéir
» à leur mère, luy porter tout honneur et révérence et tel
» qu'à une mère sage et prudente chrétienne, comme elle
» est. Et leur commande de la prier de leur faire ce bien de
» prendre la peine de les conduire, nourrir, et entretenir et
» administrer leurs biens, ainsy qu'elle a faict de mon vivant,
» et les tenir en concorde, patience et amytié ensemble.
» Et sy ainsy ils sont, je les assure que Dieu leur aidera
» et que leur bien spirituel et temporel en augmentera.
» Item je donne à Symon Vadin une année tant de la rente
» qu'il me doit que du fermage qu'il tient de moy. Et sy lors
» de mon décès il ne devait rien, je veulx qu'il jouisse la
» première année sans rien payer.

(1) Je les prie d'user du conseil, etc.
(2) Soutane.

» Je recommande mes pauvres filles à leur mère et à leurs
» frères en les suppliant d'être curieux de les pourvoir et ne
» les marier (1) qu'à gens fidèles et très-catholiques.

» Je prie aussy ma femme de ne garder poinct après mon
» décès la chambre ung mois comme font aucunes veulves (2),
» mais que huict jours pour le plus tard après mon trépas,
» elle aille à l'église prier Dieu pour moy simplement acous-
» trée de noir (3), sans porter un grand habit de crespe. Car
» le deuil est au cœur et non aux acoutrements.

» Faict sous mon signe cy-mis aujourd'huy vingt-cinq^{ème}
» jour de Janvier mil cinq cent quatre-vingt dix-huict. »

J. DE VENNE.

Voilà certes le testament d'un homme de bien. Trouverait-
on à l'heure actuelle des chrétiens aussi convaincus, aussi
pénétrés de l'esprit de religion, que ce seigneur, contempo-
rain du bon roi Henri IV ? Hélas ! ils deviennent rares :
l'esprit de foi a malheureusement fait place à l'esprit ratio-
naliste, issu du protestantisme. On a dit beaucoup de mal
des seigneurs qui vivaient avant la Révolution. Si tous
avaient ressemblé à celui-là, la société eût été pleine de
charmes sous leur paternelle direction : or, au temps
d'Henri IV, beaucoup de seigneurs, patrons des paroisses
rurales, étaient semblables à celui-là; du reste, à cette époque,
l'agriculture, sous la sage direction du ministre Sully, était
fort prospère, et il est certain que la vie des champs, exempte
d'inquiétude et jointe à une bonne éducation chrétienne, est
très favorable à la morale et à la pratique de la religion :
c'est par excellence la vie de l'homme sur la terre, c'est
certainement, après la vie religieuse, celle qui plaît le plus
au Créateur de la nature. Mais l'esprit de révolution a mé-

---

(1) D'avoir soin de les pourvoir et de ne les marier, etc.
(2) Comme font quelques veuves.
(3) Simplement vêtue de noir.

connu cette vérité élémentaire, et maintenant l'art prévaut sur la nature, et le sensualisme envahit de plus en plus la société, autrefois si simple, si pénitente et par conséquent si chrétienne. Sans doute il y a d'heureux progrès matériels ; mais il faudrait toujours que l'agriculture fût, après la religion, traitée comme l'affaire la plus essentielle.

TROISIÈME PÉRIODE

Le Calme après la Tempête

(1598 à 1657)

Quand, après les guerres de religion, les sieurs de Hérouville disparurent de Saint-Denis-le-Vêtu, ce fut messire Jean de Pigousse, sieur de Dragueville et de La Roquelle, écuyer, qui acquit la propriété de Bosville ; il acheta aussi le fief de Brucourt ; il devint de la sorte le personnage le plus influent de la paroisse. Ce sieur de La Roquelle sera, après messire Claude de Venne, fils de Jean de Venne, patron honoraire de la paroisse. Il fit, de même que les sieurs de Hérouville, quand ils étaient catholiques, plusieurs donations d'immeubles situés au bourg de Saint-Denis, en faveur du prieuré de Cottebrune (1) ; ce prieuré dépendait de l'abbaye Blanchelande.

L'année même de la mort tragique du sieur Yoland de Hérouville, en 1597, arrivait à Saint-Denis-le-Vêtu un curé qui devait y demeurer cinquante ans. Il s'appelait Guillaume Esnée et venait remplacer Me Pierre Esnault, qui, le 4 avril 1583, était témoin, avec Me Jean Quilleau, curé de Hambye

---

(1) Archives du département de la Manche. Ce prieuré se trouvait dans la commune actuelle de Saint-Symphorien (La Haye-du-Puits).

et Guillaume Brothelande, d'Ouville, d'un contrat de fermage de dîmes fait à M⁺ Pierre Le Conte par les chanoines de Coutances ; ces chanoines étaient représentés par M⁺⁺ Nicolas de Briroy, archidiacre de Bauptois, et Nicolas du Quesnoy, chanoine (1).

M⁺ Guillaume Esnée était né à Cérisy-la-Salle de parents peu fortunés. Après sa mort, un de ses neveux vint s'établir à Saint-Denis-le-Vêtu, au village appelé le Ménage-au-Conte. En 1735, un sieur Julien Esnée fit une fondation à la fabrique de Saint-Denis-le-Vêtu ; elle consistait en quatre livres dix sols de rente, à charge d'acquitter des messes hautes.

A cette époque, il y avait à Saint-Denis un prêtre du nom de Pierre Morice : il était vicaire et maître d'école ; il fut chargé, à moins d'empêchement grave, d'acquitter la fondation de M⁺ Adrien de Venne, écuyer, sieur de Fontenay, faite en 1603 ; cette fondation consistait en huit livres de rente foncière pour les sieurs curé, prêtres et clercs de la paroisse, à charge de prier pour son âme et celle de son fieffataire, François Crouin.

On peut citer un autre vicaire nommé Robert Le Noir ; en 1639 il devint coadjuteur ou desservant de la paroisse.

Au commencement du dix-septième siècle, il y avait à Paris un homme originaire de Saint-Denis-le-Vêtu, nommé Jean Michel, qui était chantre à contre-basse de la cathédrale Notre-Dame. Il a fait, le 12 février 1606, une fondation assez importante. Voici un extrait de la teneur de cette fondation :

« A tous ceux qui ces lettres verront, Jacques Lorin, garde
» du scel des obligations de la vicomté de Coutances salut,
» savoir faisons que par-devant Jean Brégeault et Jean Henry,
» tabellions royaux jurés en ladite vicomté au siège de Trelly,
» fut présent discrepte personne M⁺ Jean Michel, natif de la

_____

(1) Archives paroissiales.

» paroisse de S¹-Denis-le-Vêtu, à présent demeurant à Paris,
» chantre à bassecontre de l'église cathédrale Nostre-Dame
» dudit lieu, mû de donation devant le salut de son âme et
» de ses père et mère et autres ses parents et amis vivants
» et trépassés, cognoissant que les biens temporels ne sont
» rien au prix des biens spirituels et éternels, il donne en
» ausmone au trésor de la fabrique dudit lieu de S¹-Denis,
» savoir : une croix, deux chandeliers, un calice, deux crè-
» ches, une paix (1), le tout d'argent doré, ladite croix et
» chandeliers d'argent..., d'un prix de dix-huit marcs trois
» onces et demye (2), savoir : ladite croix séparément douze
» marcs une once, et lesdits chandeliers sont en plus, suivant
» qu'il a été dict par l'orfebvre ayant fait lesdites pièces por-
» tant dabte du treize Janvier dernier. *Signé, Nicolle*, lequel
» ledit Michel donateur a atesté estre natif de S¹-Pierre-de-
» Coutances, nommé Pierre Nicolle, de présent demeurant
» audit lieu de Paris ; laquelle attestation a été baillée par
» ledit Michel pour être annexée avecques le présent contrat.
. » Lesquels calice, crèches et paix pèsent trois marcs et
» demi, suivant que l'a ainsy atesté ledit Michel, par lequel
» en oultre ce que dessus a esté donné et ausmoné une cha-
» suble de damas blanc, l'escu fait de velours terny, cra-
» moisy, enrichi de bronderie de fil d'or et d'argent pour
» être tant ledit Michel que ses père et mère, parents et amis
» vivants et trépassés, participant aux messes, prières et
» oraisons qui sont et seront à jamais dictes en ladite église,
» oultre qu'il sera dict, faict et célébré par chacun an quattre
» octaves solennelles du service canonial, savoir, matines,
» prime, tierce, la messe, sexto, none, vespres et complies,
» et tous les jours desdites octaves à commencer aux pre-
» mières vespres et finissant aux secondes vespres avecques
» *Libera, De Profundis* et oraisons accoustumées à la fin des
» complies de chacune des octaves ; la première commen-
» çant aux premières vespres de la Résurrection de Nostre
» Saulveur et Rédempteur Jésus-Christ, la seconde, à la

---

(1) Instrument pour donner le baiser de paix à la messe.
(2) Le marc valait 8 onces, l'once, 31 gr. 25 c.

» mission du S¹-Esprit sur les S¹⁵-Apostres qui sont les octa-
» ves de la Pentecoste, la troisième à la S¹-Jean-Baptiste, la
» quatrième et dernière au jour de feste de mon seigneur
» S¹-Denis, patron de ladite église ; pour faire lesquels servi-
» ces sera payé et divisé par chacun an en quarte partye à
» la fin de chacune des octaves aux curé, prêtres, clercs et
» coustoux chantant à ladite église, la somme de vingt
» livres. . . . .
  » Ladite donation a été acceptée par discrepte personne
» M⁰ Guillaume Esnée, curé de ladite paroisse et chapelain
» de la chapelle S¹-George de l'église cathédrale de Nostre-
» Dame-de-Coustances, M⁰ Gilles Drieu, prêtre, curé de Mont-
» cuict, Robert Le Noir, vicaire dudit lieu de S¹-Denis,...
» Bernard Le Moyne, sieur d'Eclot (1), avocat pour le roy
» en la vicomté de Coustances, Nicolas de la Rue, sieur de la
» Caterie, procureur pour le roy en ladicte vicomté, Julien
» Esnault-La Quesnée, Pierre Esnault, sieur de la Morinière,
» Charles Le Conte, sieur de la Mauvillière, Thomas Esnault,
» Hélye Le Conte, Guyon du Chemin, Guillaume et Vincent
» Guérin, Pierre Paris,... Guillaume Amy, Léonard Jour-
» dan,... Guillaume du Val,... Pierre Grandin, Pierre et
» Guillaume Leboullay,... Benjamin Fauvel, Jean Coulomb,
» Nicolas Esnault, Pierre Crouin, Jean Le Chevallier,
» Julien Le Trouyt, Julien Lepoulletel, Jean Tassey, tous
» paroissiens de S¹-Denis. »

L'on constate à cette époque la pratique des assemblées
générales des paroissiens. On les désignait par le nom de
général. Dans ces assemblées, on s'occupa d'abord des
affaires de l'église ; on en vint, surtout au commencement du
dix-huitième siècle, à traiter toutes les affaires un peu importantes de la communauté ou commune.

Le 3 août 1610, M⁰ Guillaume Esnée, curé, faisait à Jacques
du Châtel, sieur de la Vallée, un bail des dîmes novales de

_____

(1) Il y a encore au manoir d'Eclot des ruines d'une ancienne chapelle
seigneuriale.

toute la terre de la Vallée, ainsi que de plusieurs pièces de terre de Laulne, de la Caliplière et du Clos du Bois (1). Cet acte prouve, à cette époque d'inimitié entre les catholiques et les protestants, que le sieur de la Vallée n'était plus protestant.

Il y avait à cette époque, à Saint-Denis-le-Vêtu, une famille Meslin, éteinte actuellement dans cette paroisse ; les sieurs Meslin firent, comme les seigneurs du manoir de Bosville, quelques donations au prieuré de Cottebrune (2). En 1614, le seigneur abbé de Blanchelande faisait à un sieur Meslin un bail des dîmes de Blanchelande à Saint-Denis-le-Vêtu.

L'abbé commendataire de Blanchelande était alors le cardinal Jérôme Grimaldi, de Monaco, dont les parents s'allièrent plus tard à la famille de Matignon. Jérôme Grimaldi avait passé procuration à François de la Luthumière, écuyer, pour régir toutes les affaires concernant l'abbaye de Blanchelande. (3)

Les abbés commendataires n'habitaient pas leur abbaye ; ils chargeaient des affaires spirituelles un religieux nommé prieur et souvent passaient procuration à d'autres personnes pour les affaires temporelles. Ils percevaient les deux tiers des bénéfices de leur abbaye, et étaient nommés par le roi. Celui-ci malheureusement ne s'acquittait pas toujours surnaturellement de la charge que l'Eglise, par bienveillance, daignait lui confier. Des laïques, courtisans du roi, étaient quelquefois mis en possession de ces gros bénéfices ecclésiastiques, et cela devenait un scandale pour les fidèles. Assurément, il y avait sur ce point en particulier des réformes à faire. Mais si les Etats-Généraux, en 1789, avaient voulu

---

(1) Archives paroissiales.
(2) Archives départementales.
(3) Jérôme Grimaldi devint plus tard nonce du pape en France.

moins se hâter, s'ils avaient montré moins d'effervescence, on aurait pu faire alors des réformes sérieuses et pacifiques : les esprits y étaient disposés, et les cahiers du clergé, en cette année, prouvent bien qu'alors la plupart des ecclésiastiques ne demandaient pas mieux ; il n'y avait pas besoin, pour opérer ces réformes, de tant de bouleversements politiques et religieux.

Les abbés commendataires de Saint-Nicolas-de-Blanche-lande que nous connaissons furent tous évêques ou prêtres. Un de ces abbés commendataires, messire Troussey, fit en 1621, avec Mᵉ Guillaume Esnée, curé de Saint-Denis-le-Vêtu, un accord par lequel il devait percevoir les dîmes novales de la paroisse de Saint-Denis moyennant 50 livres de rente données au curé. C'est ce qui plus tard amènera un procès interminable entre quelques abbés commendataires et l'un des successeurs de Mᵉ Guillaume Esnée, Mᶜ Louis Briault.

Quant aux dîmes novales du trait où les chanoines de la cathédrale percevaient les grosses dîmes, le curé de Saint-Denis les recueillait à cette époque : en effet, en 1639, Mᵉ Guillaume Esnée louait à un sieur Le Cordière, fermier du domaine seigneurial de Brucourt, les dîmes novales du trait du chapitre dans la paroisse de Saint-Denis-le-Vêtu (1).

Vers 1620, il y avait dans cette paroisse un prêtre du nom de Julien Lepoulletel ou Lepoultel. Il fit à la fabrique une fondation de 30 sois de rente pour chanter chaque année, le jour Sainte-Catherine (2), une messe de *Requiem* et deux *Libera*. Un autre prêtre, du nom de Pierre Luce, chapelain de La Trinité, à la cathédrale de Coutances, fit, le 19 avril 1630, une fondation qui a été jointe à celle de Mᵉ Julien

_____

(1) Archives paroissiales.

(2) C'est sainte Catherine, vierge et martyre, dont la fête se célèbre le 25 novembre.

Lepoultel ; elle consistait en 70 sols de rente donnés au trésor de l'église de Saint-Denis-le-Vêtu, à charge de faire célébrer des messes.

C'est vers cette époque que sévit dans la contrée une peste effroyable qui visite les manoirs comme les chaumières et fait un très grand nombre de victimes. La paroisse de Saint-Denis-le-Vêtu, éprouvée comme beaucoup d'autres, invoque saint Sébastien, et, lorsqu'elle se voit délivrée du fléau, elle le prend comme son second patron ; un autel lui est dédié, et on y place sa statue. Cet autel est maintenant dédié à saint Joseph ; mais saint Sébastien est demeuré le second patron de la paroisse.

Nous n'avons point parlé jusqu'ici du presbytère : sans doute ce que nous pourrions en dire actuellement ne serait qu'un pur souvenir ; car depuis quelque temps il n'existe plus de l'ancien presbytère que des débris disséminés. Cependant nous pouvons dire que Mᵉ Guillaume Esnée a, sinon fait construire, du moins restauré l'ancien presbytère qui était très vieux. On a trouvé, en le démolissant, une porte principale qui remontait à 1623. La tradition rapporte qu'il y avait autrefois un souterrain qui aboutissait d'un côté au manoir de Bosville, et de l'autre au presbytère et au manoir du Châtel.

Mᵉ Guillaume Esnée eut pour successeur, en 1617, Mᵉ Rigault. Sous son administration, Mᵉ Adrien Brusley, sieur des Chastillons, à Saint-Denis-le-Vêtu, conseiller assesseur en la cour de Coutances, eut un procès avec la fabrique de Saint-Denis-le-Vêtu, à cause d'arrérages d'une rente qu'il lui devait sur les héritages de Mᵉˢ Etienne et Pierre Burnel, fondateurs de cette rente en 1568, et de Mᵉ Pierre de la Rue, sieur de la Vaudonnière, procureur du roi en l'élection de Coutances. Mᵉˢ Robert Guenon et Mathurin et Pierre Esnée représentaient la fabrique. Robert Guenon était le fils de Mᵉ Etienne Guenon-

Bretonnière, qui fit, en 1620, une fondation au trésor de l'église de Saint-Denis-le-Vêtu ; il donnait cent sols de rente pour le pain bénit de la messe de minuit. Parmi les vicomtes de Coutances devant lesquels parut le procès d'Adrien Brusley, on remarque Mᵉ Jean de Bordes, écuyer, seigneur et patron de Folligny, Saint-Malo-de-la-Lande, du Homméel et de Contrières.

Mᵉ Adrien Brusley était le frère de Mᵉ Pierre Brusley, sieur de Hautmesnil, avocat, demeurant en la paroisse de Saint-Planchers, près Granville, et de Mᵉ Jean Brusley, sieur de Montchaton (1).

En 1653, Mᵉ Bernard Lechevallier succéda à Mᵉ Rigault : on ne connaît son nom que par un bail des dîmes novales fait en 1656.

QUATRIÈME PÉRIODE

Procès de quelques curés de Saint-Denis-le-Vêtu à propos de leurs dîmes novales

(1657 à 1738)

Nous arrivons maintenant à l'une des périodes les plus mouvementées de l'histoire de la paroisse de Saint-Denis-le-Vêtu. Cette période est celle des procès de quelques curés de Saint-Denis touchant leur droit des dîmes novales et des menues et vertes dîmes de la paroisse.

Le procès avait commencé, il est vrai, vers 1620 ; mais il s'était terminé en 1621 par un accord provisoire fait entre

(1) Archives paroissiales.

l'abbé commendataire de Blanchelande et M⁰ Guillaume Esnée, curé.

Le débat se rouvre en 1657, à l'avènement à la cure de M⁰ Louis Briault.

I

M⁰ BRIAULT, CURÉ

(1657 à 1693)

Ce curé tient une place importante dans notre histoire locale. Il appartenait à une famille de magistrats, et un de ses frères, M⁰ Raphaël Briault, était avocat à la cour de Coutances.

Il montra, comme nous allons le voir, un caractère énergique et une habileté rare à manier les affaires, même les plus embarrassantes.

En lisant les procédures qu'il soutint, on pourrait peut-être s'étonner un peu : il s'agit en effet d'un prêtre qui attaque d'autres prêtres. Mais il faut tenir compte des circonstances et de l'époque. Le dix-septième siècle n'est pas le dix-neuvième. Maintenant le régime des dîmes est passé ; il a fait place au régime de la dette de l'Etat au clergé. Si maintenant les prêtres se voyaient privés de cette dette sacrée, ne réclameraient-ils pas leur droit avec autant d'énergie que M⁰ Louis Briault va réclamer le sien ? Les personnes et les coutumes peuvent changer dans le cours des siècles ; mais les droits sont immuables. La manière de payer une dette peut varier ; mais la dette n'en est pas moins une dette partout et toujours.

Les fondations et les donations primitives, payées aujourd'hui par l'Etat d'une manière générale, étaient autrefois payées par des particuliers, et l'on est bien obligé de les appeler des dettes de justice, sous peine de n'admettre aucune justice ici-bas.

De plus, le lecteur pourra constater, par le consciencieux résumé des nombreux documents relatifs à ce procès, de l'impartialité de la justice à cette époque et de la confiance avec laquelle les faibles pouvaient soutenir leurs intérêts contre de plus puissants. Le lecteur verra en effet de simples curés soutenir avec une énergique persévérance ce qu'ils croient être leur droit, contre de hauts dignitaires ecclésiastiques, et obtenir gain de cause.

A cette remarque nous en ajouterons une autre : il résulte de ces mêmes documents que les deux parties adverses étaient également convaincues de leur bon droit et plaidaient par là-même de bonne foi, bien qu'avec un peu de chaleur en des moments. Cette situation n'est, du reste, pas rare entre plaidants : le rôle de la justice, en portant ses sentences, est souvent de dissiper l'erreur de bonne foi dans laquelle se trouvait l'une des parties, et telle fut la mission de la justice dans les procès que nous allons raconter. Après ces remarques importantes, entrons dans quelques détails sur les procédures de Me Louis Briault.

Le 15 juillet 1657, Me Louis Briault, qui venait d'être nommé curé de Saint-Denis-le-Vêtu, fit devant les tabellions royaux ou notaires de Trelly, Julien Duchemin et Pierre Danlos, un bail des dîmes novales de toute la paroisse à François Esnault, Benoit Duchemin et Théophile Amy, de Saint-Denis-le-Vêtu. Ce furent Guillaume Lepoultel, vicaire, et Julien Guillot, prêtre, procureur-syndic du trésor de la fabrique, qui servirent de témoins à ce bail.

Quatre jours après, Jacques de Mons, sieur de Boismont et de Bourlande, conseiller du roi, lieutenant-général au bailliage de Coutances, à la requête de Me Briault, exposait au seigneur abbé de Blanchelande l'intention que le curé de Saint-Denis-le-Vêtu avait de ne point renoncer à la perception des dîmes novales et affirmait qu'il récusait l'accord fait en 1621 par M⁰ Guillaume Esnée.

Mᵐᵉ Vincent de Tulles, abbé commendataire de Blanchelande, fait au mois de septembre suivant sa réclamation au roi Louis XIV. Celui-ci avait fait, au mois de février précédent, l'ordonnance suivante :

« Louis, par la grâce de Dieu, roi de France et de Navarre,
» à tous présent et avenir, salut. La même autorité qui a
» estably l'église chrestienne pour la conduite des fidèles
» dans l'exercice de la vraye religion par le moyen des éves-
» ques et des autres personnes inférieures qu'ils ordonnent
» pour estre leurs coadjuteurs au ministère sacré, a estably
» aussy les fonds tant pour leur entretenement que pour
» subvenir aux choses qui sont nécessaires pour le culte divin
» et pour la subvention des pauvres ; les dixmes ont esté
» spécialement instituées de droict divin pour satisfaire à
» ces charges, Dieu s'étant réservé cette portion des fruicts
» pour tesmoignage de sa seigneurie universelle dont il a
» gratifié ceux qui sont dévoués au service de ses autels,
» auxquels les premiers chrestiens ce payaient abondamment
» sans aucune contrainte ; mais comme la pratique de ces
» devoirs est venue à se refroidir, il a été nécessaire que les
» constitutions canoniques et ensuite les ordonnances des
» rois, nos prédécesseurs, ordonnassent le payement et la
» levée de ces dixmes, comme d'un sacré tribut imposé de
» droict divin sur les fruicts, etc.

» Comme la dixme des terres rédigées à nouvelle culture
» depuis la mémoire des hommes, que l'on appelle novalles,
» appartient suivant le droict aux curés des paroisses à
» cause du soin des âmes dont ils sont chargés à l'exclusion
» des autres Ecclésiastiques ou laïques qui possèdent les
» anciennes dixmes dans les paroisses, néanmoins les
» Evesques qui ont une juridiction immédiate sur tous les
» paroissiens sont conservés par le même droict en la por-
» tion qui leur est deube de ces dixmes. C'est pourquoi pour
» éviter les procès à l'advenir sur la liquidation de cette

» portion, nous voulons et ordonnons qu'aux paroisses les
» Evesques jouissent d'une portion de la grosse dixme et
» soient maintenus en la possession et jouissance d'une
» portion égale de la dixme des novalles, comme les curés
» en la possession de la quatriesme partie des novalles aux
» lieux où les Evesques jouissent de toute la grosse dixme. »

L'évêque de Lavaur croyait sans doute se trouver dans ce cas par rapport à la paroisse de Saint-Denis-le-Vêtu. Mais M⁰ Louis Briault, curé, pensait de son côté qu'il avait droit à toutes les dîmes novales de sa paroisse.

Malgré la défense de la Cour de Coutances, le fermier de l'abbé de Blanchelande, à Saint-Denis, Nicolas Guislard, veut de force percevoir les dîmes novales qui se trouvent dans le trait des grosses dîmes appartenant à l'abbaye. Mais au mois d'octobre, le Parlement de Paris condamne Guislard à restituer les dîmes qu'il a usurpées à M. le curé de Saint-Denis.

Au mois d'août de l'année suivante, Nicolas Guislard veut encore s'emparer des dîmes novales. Alors, le 30 septembre 1658, les maîtres des requêtes de l'hôtel du roi, à Paris, condamnent de nouveau Guislard à restituer et déclarent qu'il y sera forcé par toutes voies de fait, s'il n'y consent point.

Le 23 octobre, Julien Langenais, sergent-royal ou huissier à Saint-Denis-le-Vêtu, lui fait sommation de restituer ces dîmes, et à cette fin de faire ouvrir la grange décimale où elles se trouvent. Nicolas Guislard refuse. On ouvre de force la grange, en présence de M⁰ Michel Esquisino, prêtre, de la paroisse de Creteuille, de Jacques Laisney, prêtre, demeurant à Saint-Sébastien-de-Raids, de Samuel Esnée et Martin Guenon, d'Ouville, de Michel Martin et Jacques Boudier, de Contrières.

Le 30 octobre, Nicolas Guislard, furieux, fait poursuivre

Julien Langenais pour lui faire délivrer un extrait du procès-verbal qu'il a dressé en ouvrant la grange décimale. Celui-ci déclare que le procès-verbal se trouve chez un sieur Hiéronyme Jourdan, où Guislard a toujours résidé. Quant à Guislard, il présente un procès-verbal dressé par un prétendu sergent-royal nommé Alexandre Jean. Hiéronyme Jourdan proteste contre ce procès-verbal ainsi que Julien Langenais.

Cependant, au mois de juillet 1659, le curé de Saint-Denis faisait à Jacques Paris, de la même paroisse, un bail des dîmes novales qui étaient dans l'étendue du trait de l'abbaye de Blanchelande, et le 15 août de la même année, le greffier de la vicomté de Coutances donnait un certificat par lequel Alexandre Jean était déclaré faux sergent-royal, et son procès-verbal réduit à néant, ce qui confirmait encore le droit du curé de Saint-Denis.

Du reste, au mois d'août 1660, la Cour de Coutances fit paraître devant elle M⁏ Adrien Delarue, Gilles Fauchon et Théophile Amy, sous-fermiers des grosses dîmes que l'abbaye possédait à Saint-Denis, et leur signifia de ne point troubler le sieur curé dans la perception des dîmes novales de la paroisse.

Au mois de juin 1661, la même Cour de Coutances, pour se conformer à un arrêt du Parlement de Paris, procède à l'audition des témoins au sujet des dîmes novales de la paroisse de Saint-Denis. Beaucoup de témoins absents sont menacés de contrainte. L'audition de ces témoins, au nombre de quarante-huit, dure, presque sans discontinuer, depuis le 26 juin jusqu'au 16 août.

Le 6 octobre, le seigneur abbé commendataire, Jean-Vincent de Tulles, mal renseigné par quelques paroissiens de Saint-Denis, ennemis du curé, envoie à M Louis Briault des blâmes et reproches contre les témoins qui ont comparu à sa requête.

Enfin, le 7 octobre, paraît un arrêté du Parlement de Paris par lequel Mre Jean-Vincent de Tulles est condamné à payer les frais du procès, plus 105 livres 16 sols et 3 livres 17 sols, « sur lesquelles sommes il est déduit 17 livres déjà payées. »

M° Briault, ayant reçu les blâmes du seigneur abbé commendataire contre les témoins qu'il a fait comparaître à Coutances, lui renvoie une réplique pleine de verve, mêlée d'un peu de fiel. La première proposition du seigneur abbé commendataire est traitée par M° Briault comme scandaleuse, calomnieuse et impertinente :

« Elle mérite, de sa nature, dit-il, réparation d'honneur ;
» car elle n'emporte pas moins par ses conséquences que le
» sieur Briault, en qualité de confesseur et directeur, ensei-
» gne à dérober, ce qui, sous correction, est faux et calom-
» nieux, d'autant que depuis cinq ans ou environ qu'il est
» curé de la paroisse, il n'a jamais parlé ni en public ni en
» particulier des dîmes pour en réclamer le droit, et qu'il
» n'y a personne dans la paroisse qui ne sache bien que
» le seigneur abbé, le seigneur évêque et les sieurs du cha-
» pitre de Coutances ont le droit des grosses dîmes chacun
» en leur partie... Les paroissiens (ne voudraient pas) les
» transférer au préjudice des droits et titres particuliers en
» la personne du sieur Briault, simple curé, et quand même
» les paroissiens le voudraient contre l'honneur de leur
» conscience, ce en quoi il est certain qu'ils ne sont pas si
» abandonnés, ils n'oseraient pas y avoir pensé par la
» crainte supérieure qui les domine du seigneur et dame
» de Pigousse de La Roquelle, qui portent avec zèle l'inté-
» rêt du sieur abbé et de ses fermiers, ce qu'ils ne pourraient
» pas faire avec plus de chaleur que s'ils y étaient intéressés
» eux-mêmes, et aussi le sieur Amy, qui est leur agent
» d'affaires, est le même fermier qui remue toutes les
» faveurs possibles pour mettre ses desseins à exécution, et
» qui a fait écrire cette première proposition en ces termes

» contraires à toute vérité et indignes de l'honneur ecclé-
» siastique qui doit être inséparable de la qualité de pasteur,
» de confesseur et de directeur de consciences..... »

Le besoin absolu qu'il a pour vivre de ses dîmes novales
et le vif sentiment de son droit poussent M° Briault à ce
langage amer et semblent en partie l'excuser. En tout cas,
l'humaine nature n'est pas éteinte chez les ecclésiastiques, et
il ne faut pas, comme on le fait maintenant, juger la vérité et
la bonté de la religion par la conduite de quelques hommes
consacrés à Dieu : la religion est bonne en elle-même, et
est d'ailleurs bien pratiquée en général par les prêtres.

Le procès continue et les paroles de M° Briault l'enve-
niment.

L'abbé de Blanchelande ou son agent d'affaires, M° Bur-
nouf, prétend qu'il n'y a point, avant 1621, de dîmes novales
perçues par le curé de Saint-Denis dans le trait des dîmes
de l'abbaye à Saint-Denis-le-Vêtu. Il faut alors prouver
juridiquement qu'il y en a. Le défilé des témoins recommence au mois de février 1662. M° Guillaume Lepoultel,
vicaire, est un des témoins et il déclare qu'il a entendu dire
aux plus anciens de la paroisse que M° Guillaume Esnée,
ancien curé, jouissait paisiblement des dîmes novales avant
1621, que même ces personnes âgées affirmaient avoir aidé
à percevoir ces dîmes. Le procureur du seigneur abbé commendataire, se voyant condamné sur ce point, voulut, pour
ainsi dire, se rejeter sur un autre.

L'abbé de Blanchelande avait passé, en 1656, un bail des
dîmes novales à ses fermiers. Alors son procureur fit rendre
par le bailli de Coutances plusieurs sentences par lesquelles
ces fermiers pourraient jouir des dîmes novales jusqu'à
l'expiration du procès, moyennant une rente annuelle de
200 livres payée au curé de Saint-Denis.

M° Briault en appelle de ces sentences au Parlement de

Paris. Le 30 août 1664, ce Parlement rend un arrêt adjugeant de nouveau, comme au mois de décembre 1659, les dîmes novales dûment constatées au curé de Saint-Denis-le-Vêtu ; il requiert en même temps le seigneur abbé de Blanchelande de payer 400 livres de rente au sieur curé, ou bien de restituer les dîmes.

Le 29 octobre de la même année, n'ayant pu percevoir ces dîmes ni la rente de 400 francs, M⁶ Briault assigne à comparaître devant la Cour de Coutances le seigneur abbé commendataire, afin de réclamer ses droits. L'abbé commendataire fait défaut. Alors la Cour le condamne par défaut à payer au curé de Saint-Denis 1,493 livres d'arrérages depuis 1661, plus les dépens de l'instance. Le 14 février suivant, Jean-Vincent de Tulles fait signifier à M⁶ Briault, par le maître de requête civile, à Paris, qu'il ne veut point reconnaître comme novales certaines terres qu'on a appelées de ce nom.

Le curé de Saint-Denis n'en agit pas moins et poursuit toujours ses droits, conformément aux arrêts du Parlement ; il se fait payer ce qui lui est dû par les agents ou fermiers particuliers du seigneur abbé ; il fait notamment arrêt sur les fermiers de Saint-Aubin-de-la-Pierre pour la somme de 400 livres.

Ses paroissiens n'étaient pas tous contre lui, et il en obtenait même des concessions extraordinaires. Au mois de mai 1666, il avait demandé à M⁶ Jean de Gourmont, vicaire-général de Coutances, l'autorisation d'agrandir le jardin du presbytère qu'il trouvait trop petit. Dans une assemblée générale, ses paroissiens lui donnèrent, dans ce but, la permission de prendre, du côté nord du presbytère, une petite portion du cimetière, dans laquelle on n'avait pas encore enterré : c'est ainsi qu'aux époques de foi on entendait bien les choses et que, sauf quelques exceptions, on ne faisait pas une guerre systématique au clergé.

Cependant la lutte continuait entre le curé de Saint-Denis et l'abbé commendataire.

Le 3 novembre 1666, le seigneur abbé de Blanchelande, par son sous-prieur Guillaume Davy, fait comparaître devant la Cour de Coutances le curé de Saint-Denis, afin de répondre sur sa manière d'agir par rapport aux fermiers de l'abbaye. M⁰ Briault affirme qu'il a baillé des quittances aux fermiers du seigneur abbé, que d'ailleurs il n'a reçu que ce qui lui était dû, puis il déclare qu'il n'accepte point la compétence des juges et qu'il entend se pourvoir et se plaindre devant le Parlement de Paris.

Le 8 novembre, les syndics et députés du clergé, au diocèse de Coutances, juges autorisés par le roi, renvoient le jugement au Parlement de Paris. En attendant la sentence, ces juges, à la tête desquels était M⁰ Le Rossignol, archidiacre, examinent les comptes des fermiers et trouvent que M⁰ Briault n'a vraiment pas excédé ses droits. Le sous-prieur de Blanchelande, au nom de l'abbé commendataire, proteste, le 29 novembre 1666, contre cette sentence, et en interjette appel au Parlement.

Le 28 août 1668, le Parlement de Paris adjuge définitivement au curé de Saint-Denis la jouissance des menues et vertes dîmes de la paroisse et condamne M⁰ Vincent de Tulles à 300 francs d'amende envers le roi et à 150 francs envers M⁰ Briault.

Fort de cet arrêté, le curé de Saint-Denis réclame aux fermiers des dîmes de Blanchelande ce qui lui revient; il demande en particulier à un sieur Abel Lepeu, sous-fermier à Saint-Denis-le-Vêtu, la délivrance des légumes qui auraient crû sur le territoire du dîmage du seigneur abbé de Blanchelande. Mais le 29 octobre 1668, le sous-prieur Guillaume Davy envoie à M⁰ Briault et à Abel Lepeu un exploit pour déclarer opposition à la délivrance de cette partie de dîmes,

Un nouveau procès allait s'en suivre, lorsqu'un nouvel abbé de Blanchelande fut nommé. C'était messire Jean-François de Caillebot de la Salle, de la famille seigneuriale de Montpinchon. Ce nouvel abbé commendataire était conciliant; il voulut arranger l'affaire pendante entre l'abbaye de Blanchelande et la cure de Saint-Denis-le-Vêtu, et il ne trouva pas de meilleur moyen que de faire du curé de Saint-Denis son fermier pour toutes les dîmes qu'il possédait dans cette paroisse et dans celle de Saint-Pierre-de-Coutances. Le bail était fait pour la somme de 950 livres de rente, diminuée de celle de 400 livres due pour les novales. Cela se passait le 20 juin 1670.

Or, le 25 juin suivant, Mᵉ Briault fit à Théophile Amy un bail des dîmes novales qui se trouvaient dans le trait des dîmes dues au chapitre de la cathédrale de Coutances. Les chanoines de la cathédrale, on s'en souvient, possédaient, depuis 1211, le tiers des grosses dîmes de la paroisse de Saint-Denis-le-Vêtu.

En voyant Mᵉ Louis Briault faire un bail des dîmes novales de leur trait, les chanoines lui réclamèrent le droit des novales comme curés primitifs; ils reconnaissaient le curé de Saint-Denis-le-Vêtu seulement comme vicaire perpétuel du chapitre. Mᵉ Briault crut devoir recommencer la lutte pour soutenir ses droits; il prétendit avoir seul, comme véritable curé, le droit de percevoir les dîmes des terres novales.

L'affaire vint devant la Cour de Coutances. Les juges, pour la plupart parents des intéressés, n'adjugèrent à Mᵉ Briault que les dîmes novales de toutes les terres défrichées et réduites en agriculture depuis 40 ans avant la procédure, dans le trait appartenant aux chanoines en la paroisse de Saint-Denis-le-Vêtu. Mᵉ Briault en appela de cette sentence au Parlement de Rouen.

Avant de recevoir l'arrêt de ce Parlement, il fit publier un

factum imprimé. Dans ce factum, il se plaignait de la sentence rendue par la cour de Coutances et prouvait aux chanoines de la cathédrale qu'ils n'avaient aucun titre aux novales et qu'ils avaient même reconnu dans leurs baux n'en avoir aucun ; il montrait qu'il avait lui-même titre de possession. Il suppliait enfin les juges du Parlement de prendre en pitié sa position : « Il ne possède, dit-il, aucune grosse dîme dans
» la paroisse, quoiqu'elle ait plus d'une lieue et demie d'é-
» tendue, avec du moins quinze cents personnes à qui il est
» obligé d'administrer les sacrements, à cause de quoi il lui
» est nécessaire d'avoir un vicaire à ses gages et encore trois
» autres ecclésiastiques. »

Voici, en outre, quelques termes de la supplique qu'il adressait aux seigneurs du Parlement :

« Comme l'unique revenu du bénéfice de Louis Briault,
» curé, consiste en dîmes des novales et en menues et vertes
» dîmes de peu de valeur et de grands frais à recueillir, et
» comme la Cour, par son équité, conserve les droits d'un
» chacun, ledit suppliant espère qu'elle lui conservera ses
» novales, sans lesquelles il ne pourrait pas subsister et
» desservir son bénéfice. On dit qu'il a beaucoup de bien,
» d'amis et de crédit en sa paroisse ; il abandonne tout ce
» qu'il y a en propre pour trente livres de rente ; et comme
» il a tâché de faire toujours sa charge avec honneur et sans
» prévarication, blâmant et réprimandant ce qui était à blâ-
» mer et à corriger, il y a beaucoup d'ennemis, de quoi la
» preuve est au procès où l'on voit qu'il n'y a que deux
» avocats de la paroisse, dont l'un agissait pour les chanoines
» sur les lieux, et l'autre agit en la Cour ; on voit de plus
» que les fermiers desdits sieurs chanoines se sont faits ses
» ennemis par un pur motif de haine mêlée d'intérêt, pour
» profiter du bail de ses dîmes novales que leur fait le cha-
» pitre à meilleur marché qu'il n'était accoutumé, comme

» ces fermiers sont les plus puissants de la paroisse, ils atti-
» rent presque tous les autres dans leur parti, et on sait
» d'ailleurs qu'un curé qui a à demander ses dîmes et autres
» droits à ses paroissiens n'en est pas aimé, la plupart ne
» voulant rien payer que par rigueur. » (1)

Puis il cite les titres qu'il a à la possession des novales,
depuis les donations primitives jusqu'à l'époque où il adresse
sa supplique, et montre que le droit réclamé par les chanoines de Coutances est de nulle valeur.

L'année suivante, le chapitre de la cathédrale de Coutances
faisait un procès à M⁰ Nicolas Lasquetier, sieur de Nicorps,
fermier de leurs dîmes à Saint-Denis-le-Vêtu, « aux fins du
» paiement de ses jouissances à la caution de Jacques
» Godey, sieur de la Vallée, laquelle caution s'opposa à la
» vendue de ses biens disant qu'il n'avait cautionné que pour
» le bail fait par le curé de Saint-Denis pour ses novales. » (2)

La même année, Louis Ondédéi, adjudicataire des revenus
de l'abbaye de Blanchelande, sans tenir compte du bail fait
par l'abbé de la Salle avec M⁰ Briault, passait avec Adrien
Delarue, avocat, un bail judiciaire des revenus des dîmes
de Saint-Denis-le-Vêtu, moyennant le paiement d'une somme
due à Zongo Ondédéi, évêque de Fréjus, ancien abbé de
Blanchelande et pensionnaire de cette abbaye. M⁰ Briault
réclama. Les juges de Coutances le condamnèrent à payer
200 livres aux gens du sieur Delarue qu'il était censé
troubler dans la récolte des dîmes. M⁰ Briault en appela de
cette sentence au Parlement de Paris. Celui-ci condamna
Louis Ondédéi et Adrien Delarue aux dépens et à 1,000 livres

---

(1) Après l'apparition du protestantisme, la foi avait diminué dans les
masses, et le respect pour le clergé s'était refroidi.

(2) Archives du diocèse.

de dommages-intérêts pour avoir retiré à M° Briault la possession des dîmes de Blanchelande par un bail fait en haine de sa personne.

L'affaire des chanoines de la cathédrale était venue depuis 1672 à la cour du Parlement de Rouen. M° Louis Briault y comparut le 13 mars 1673, assisté de M° Guillaume Corbin, son procureur. En 1674, la cour du Parlement de Normandie adjugea à M° Louis Briault un revenu de 100 livres pour les dîmes novales du trait du chapitre de la cathédrale de Coutances, ainsi que les menues et vertes dîmes de sarrasin et de légumes qui se trouvaient dans le même trait. M° Louis Briault avait conquis ses droits peu à peu, et il put enfin se reposer quelque temps.

Il profita, pour ainsi dire, de ce répit, afin de régler les affaires de son âme et de son éternité. Il fit à la fabrique de Saint-Denis-le-Vêtu, le 2 décembre 1675, une fondation. La teneur en est assez intéressante. En voici un extrait :

« A tous ceux qui ces lettres verront, le garde du scel des
» obligations de la vicomté de Coutances, salut ; savoir fai-
» sons que par devant Charles Amy, tabellion royal au siége
» de Tresly, présence de Paschal Quinette, aussy tabellion
» audit siége de Tresly, fut présent discrepte personne
» M° Louis Briault, prêtre, curé de la paroisse de St-Denys-
» le-Vestu, lequel désirant l'augmentation du culte et de la
» dévotion envers le très-auguste et Très-Saint Sacrement de
» l'autel, a fondé et fonde à perpétuité par ce présent en
» l'église paroissiale dudit lieu de St-Denys une messe votive
» du St-Sacrement qui sera chantée tous les jeudys de l'année
» à diacre et soubdiacre par le sieur curé et ses successeurs
» curés de ladite parroisse ou leurs vicaires, à l'heure la plus
» commode pour ledit ecclésiastique et parroissiens qui y
» voudraient assister, en quoy ne seront compris les jeudys
» de l'octave du St-Sacrement, et afin d'exciter le peuple à
» cette dévotion et de venir rendre leurs respects et adora-

4

» tions au Très-Saint-Sacrement, le custos de ladite église
» sera tenu de sonner la grosse cloche à vol un quard d'heure
» avant la célébration de ladite messe ; pour soustenir, faire
» et accomplir toutes lesquelles charges ainsy que pour
» chanter un *Libera*, après chaque messe célébrée ainsy que
» dessus, sur la sépulture des curés de ladite paroisse,
» devant le maistre-autel de ladite église, au-dessous du
» marchepied et milieu du chœur (1), à l'intention dudit sieur
» fondateur et ses parents, amys, et bienfaiteurs, il a donné
» auxdits sieurs curé, vicaires, prêtres, clercs, custos, et à la
» fabrique de ladite église le nombre de cinquante livres de
» rente hypothèque qu'il a droit d'avoir et prendre par cha-
» cun an sur les héritiers ou représentant Charles Lebas,
» escuyer, sieur de la Carrelette, et damoiselle Suzanne
» Brusley, sa femme, et sur les héritiers ou ayant-cause de
» feu Mᵉ Adrian Brusley, sieur des Chastillons, ladite rente
» provenant de partye du dot de ladite damoiselle, suivant
» qu'il est contenu au contract de ce fait et passé par-devant
» Philippe Lediacre et Jullian Duchemin, tabellions en la
» vicomté de Coustances pour le siège de Tresly, le vingt-
» huit septembre 1656, controllé le trente octobre audit an
» présentement, baillé et mis au coffre des lettres de ladite
» église avec un autre contrat servant de contre-lettre pour
» justifier que la propriété de ladite rente appartient audit
» sieur fondateur, quoiqu'il l'ait acquise sous nom emprunté ;
» ledit second contract passé par reconnaissance pardevant
» nous dits tabellions le 26 octobre dernier.

» Pour ce faire, lesdits sieurs curés, vicaires, prêtres,
» clercs, custos et trésoriers de ladite église (seront) payés
» annuellement desdites cinquante livres de rente de laquelle
» rente le trésor de ladite église aura la somme de sept
» livres dix sols par chacun an pour fournir deux cierges
» allumés pendant lesdites messes, et les ornements néces-
» saires ; et le custos soixante et quinze sols, et le surplus

---

(1) Les curés et les patrons de la paroisse étaient inhumés dans le chœur de l'église.

» de ladite rente montant à la somme de trente-huit livres
» quinze sols ira au profit particulier des sieurs curés,
» vicaires, prêtres et clercs, ce qui produira quinze sols six
» deniers pour chacune messe, dont les sieurs curés ou leur
» vicaire célébrant auront *huit sols* (1), et les *sept* sols *six*
» *deniers* restant seront distribués par les sieurs curés ou
» leurs vicaires aux autres prêtres et clercs assistant, sans
» que lesdits prêtres et clercs absents y puissent prétendre
» part, sinon en cas qu'ils fussent malades, et seront tenus
» lesdits sieurs curés faire journellement la distribution
» immédiatement après ladite messe célébrée, aux prêtres
» et clercs et custos de la rente, et faute par eux de faire
» ladite distribution, les vicaires ou prêtres pourront la faire
» et recevoir les arrérages, afin que l'intention dudit sieur
» fondateur soit accomplie ponctuellement... (2) En cas que
» par le malheur des temps ladite rente fût perdue, ce que
» Dieu ne veuille, le service en ce cas cessera de fait ; en
» présence de Mᵉ Guillaume Lepoulletel, vicaire, de Mᵉ Nico-
» las Lechevallier, prêtre, de Mᵉ Charles Amy, trésorier en
» exercice (3), de Mᵉ Michel Boudier, écuyer, sieur de la
» Greslerie, de Mᵉ Guillaume de la Rue, sieur de Fontenay,
» de Michel Beauquesne... paroissiens, lesquels ont accepté
» ladite fondation. »

L'année suivante, un sieur Thomas Drieu, domicilié à
Saint-Servan (Bretagne), donnait à la fabrique de Saint-
Denis-le-Vêtu une rente de six livres tournois, à charge de
célébrer deux messes hautes, la veille ou le lendemain du
jour saint Thomas, et trois messes basses les jours les plus
proches et non empêchés.

Vers cette époque, le seigneur abbé commendataire de

---

(1) On peut constater qu'à cette époque l'argent était bien plus rare
qu'à l'heure actuelle.

(2) Malheureusement, la rente est perdue depuis longtemps, et la fondation ne s'acquitte plus.

(3) Les trésoriers étaient élus chaque année.

Blanchelande, M⁙ François de la Salle, fut remplacé par
M⁙ Jean-Baptiste de Boyer. Celui-ci n'était pas aussi concil-
liant que son prédécesseur. Il prétendit, en 1678, qu'il devait
posséder les menues et vertes dîmes de sarrasin, et il attaqua
M⁙ Louis Briault qui en jouissait d'après les arrêts du Parlement de Paris rendus en 1664 et 1668 ; il alléguait cette
raison que, dans les paroisses de La Bloutière et de Servon,
les dîmes de sarrasins étaient de grosses dîmes, et que ce
devrait être la même chose dans la paroisse de Saint-Denis-
le-Vêtu. L'affaire fut portée devant le Parlement de Rouen.

Dans l'arrêt de ce Parlement, rendu en faveur de M⁙ Briault,
on lit ce qui suit :

« La paroisse de la Bloutière (Villedieu) et celle de Saint-
» Denis-le-Vêtu diffèrent entre elles : on ne laboure point de
» froment à La Bloutière, parce que la terre étant trop
» froide et argileuse, on n'y peut faire que du sarrazin, du
» seigle et de l'avoine ; c'est un lieu de pâturages plutôt
» que de labour de blés. Dans la terre de St-Denis, on la-
» boure une grande quantité de froments, orges et autres
» gros blés ce qui rend les grosses dîmes d'un revenu fort
» considérable.

» Dans la paroisse de Servon (Pontorson), la dîme d'une
» partie des sarrazins était adjugée aux abbé et religieux de
» l'abbaye du Mont St-Michel, à proportion et pour telle
» part qu'ils avaient à la grosse dîme de la paroisse. Or les
» titres de l'abbaye du Mont St-Michel sont des titres pri-
» mordiaux, mieux confirmés que ceux de l'abbaye de Blan-
» chelande. Le premier titre pour la possession des dîmes
» dans la paroisse de Servon est de 1158, avec tous les
» titres et contrats de réunion des parts et portions de ces
» dîmes durant deux siècles. Ces originaux confirmés par
» les papes Honoré, Grégoire et Alexandre (1), et aux reli-

(1) Ce sont les papes Honoré III (1216-1227), Grégoire IX (1227-1241),
et Alexandre IV (1254-1261).

» gieux accordés par Robert, fils de Guillaume, duc de Nor-
» mandie, et tous ces titres sont suivis et fortifiés par une
» suite continuelle de baux. De plus, dans la paroisse de
» Servon, on laboure peu de blés, ce qui diffère tout à fait
» de St-Denis-le-Vêtu, où on laboure beaucoup de blés et
» peu de sarrazins. »

On lit encore dans cet arrêt du Parlement :

« Le curé de Montpinchon donne les dîmes de sarrazin au
» chapitre de la cathédrale de Coutances, dans le trait que
» ledit chapitre possède en cette paroisse, pour une rente
» de 50 livres dont il se contente. Mais le curé de Montpin-
» chon perçoit toutes les autres grosses dîmes de la paroisse
» plus une terre d'aumône considérable, ce qui lui rapporte
» en tout 1,500 livres ; ce qui est bien différent de St-Denis-
» le-Vêtu, paroisse aussi nombreuse et fatigante à desservir,
» où le curé ne possède aucune grosse dîme, et où la terre
» d'aumône n'est pas bien grande. » (1)

Mre Jean-Baptiste de Boyer, abbé commendataire de Blanchelande, n'ayant pas réussi dans cette affaire, voulut poursuivre Me Briault pour un autre motif. Il prétendit qu'étant
ancien fermier de l'abbaye, Me Briault devait faire les réparations de la grange de dîmes. C'est pourquoi, le 17 août
1679, le procureur du seigneur abbé, le sieur des Vignettes,
envoie à Me Briault copie d'un procès-verbal relatif aux
réparations à faire à cette grange, et à la clôture d'une
pièce de terre sur laquelle est située la grange. Me Briault
prétend que ces réparations et cette clôture ne le regardent
pas, et, le 3 juillet 1682, il assigne à comparaître devant la
Cour de Coutances le procureur de l'abbé de Blanchelande ;
on y procède à l'adjudication des réparations de la grange

_____

(1) Archives paroissiales.

décimale, et on les met aux frais de l'abbaye de Blanchelande.

Mᵉ Jean-Baptiste de Boyer fut remplacé, en 1689, par
Mᵉ François Le Vasseur de Coignée, qui choisit pour procureur son propre père, Mᵉ Jacques Le Vasseur de Coignée,
chevalier, devant Mᵉ Le Couvreur, notaire au Châtel de
Paris.

Ce nouvel abbé commendataire ne voulut pas reconnaître
la rente de 400 livres adjugée à M. le curé de St-Denis par
différents arrêts du Parlement de Paris. Alors Mᵉ Briault, se
basant sur les termes même de ces arrêts, qui lui permet-
taient de se payer par toutes voies de fait nécessaires, fit
saisir les grains qui se trouvaient dans la grange décimale
de l'abbaye ; l'on possède encore le procès-verbal de cette
saisie fait le lundi 13 février 1690, par Charles Quinette, sergent-royal ou huissier en la sergenterie de la Salle. Le
25 février suivant, on procéda à la vente des blés saisis ;
cette vente ne produisit que 299 livres, ce qui faisait
101 livres de moins que la rente due au curé de Saint-
Denis. Le 14 juillet de la même année, Mᵉ Briault fit procéder à l'adjudication des dîmes novales. Le sieur Leprestre,
bourgeois de Coutances, les acheta 200 livres seulement
par an, ce qui ne suffisait pas encore pour acquitter la rente
due au curé. C'est pourquoi, le 14 février 1692, Mᵉ Briault,
par l'intermédiaire de Mᵉ Gilles Denys, son procureur,
envoya au seigneur abbé commendataire sommation de lui
payer le surplus de la somme qu'il percevait en affermant ses
dîmes novales, ainsi que les frais de l'action qu'il avait inten-
tée. On ne sait comment se termina ce procès.

Mᵉ Briault devenait vieux ; il était fatigué de tous ces
procès qu'il avait eu à soutenir pendant la durée de sa
cure, et il voulut résigner son bénéfice avant de mourir. Il
acheta de messire Mortaing de la Brannière, seigneur et

patron honoraire de la paroisse, le manoir de Bosville, où il se retira. Mʳᵉ Mortaing gardait néanmoins le patronage et la seigneurie de la paroisse de Saint-Denis.

Il fut remplacé, en 1725, par Mʳᵉ Charles-Bonaventure Hénault, sieur de la Moricerie, comte de Saint-Jean. Il était de la famille Hénault ou Esnault dont nous avons parlé. Son grand-père, André Hénault, devint secrétaire des finances de son altesse le duc d'Orléans, bourgeois de Paris. André Hénault ou d'Hénault fit, le 6 novembre 1671, une fondation au trésor de l'église de Saint-Denis-le-Vêtu.

Nous avons trouvé le testament de cet ancien secrétaire des finances du duc d'Orléans (1). En voici un extrait qui montre la foi des fonctionnaires de cette époque :

« *Au nom du Père et du Fils et du Saint-Esprit. Ainsi soit-il.*

» Du vendredi sixième jour de novembre 1671, à Sᵗ-Denis-
» le-Vêtu, devant moi Louis Briault, prêtre, curé de ladite
» paroisse de Sᵗ-Denis, et en la présence de témoins, fut
» présent Mᵉ André Hénault, conseiller-secrétaire des fi-
» nances de son altesse feu monseigneur le duc d'Orléans,
» bourgeois de Paris, étant demeurant en ladite paroisse de
» Sᵗ-Denis, gisant malade en sa maison et terre de La Mori-
» cerie, sain toutefois d'esprit et d'entendement, lequel con-
» sidérant mûrement l'instabilité des choses humaines, et
» que tous les hommes ne vivent qu'à la condition de mou-
» rir, désirant ne point payer à la nature ce tribut intestat,
» a déjà de sa libre volonté fait et dicté son testament et
» acte de dernière volonté en la manière qui suit :
» Premièrement au regard du spirituel, il a recommandé
» à Dieu son âme, le suppliant de vouloir user avec lui
» selon sa grande miséricorde et de lui appliquer et de le
» faire participant des mérites de la très-douloureuse mort

---

(1) Ce duc était Gaston d'Orléans, troisième fils de Henri IV, né en 1608 et mort en 1660, ne laissant que des filles, entre autres la célèbre Mademoiselle duchesse de Montpensier.

» et passion de Notre Sauveur et Rédempteur Jésus-Christ ;
» il a aussi recommandé son âme aux mérites et prières de
» la bienheureuse vierge Marie, mère de notre Sauveur et
» Rédempteur Jésus-Christ, ainsi que de Monseigneur saint
» André son patron et de tous les autres saints et bienheu-
» reux esprits de la Cour céleste du Paradis, souhaitant
» qu'après son décès son corps soit inhumé en l'église dudit
» lieu de St-Denis, au lieu qu'il plaira au sieur curé dudit
» lieu, et qu'il soit fait prière à Dieu pour le repos de son
» âme, et que pour cet effet le saint sacrifice de la Messe
» soit offert à Dieu en satisfaction des peines dues à ses
» péchés pendant trente jours consécutifs par les prêtres de
» ladite paroisse, et même qu'il soit dit une messe par le
» sieur curé ou son vicaire ou un prêtre de ladite paroisse,
» après son décès, tous les samedis de chaque semaine
» à perpétuité pour le repos de son âme et des âmes de
» tous ses parents et amis vivants et trépassés, à la fin de
» laquelle messe sera dit un *Libera* avec le *De Profundis* et
» oraison accoutumée sur sa sépulture. Pour soutenir la-
» quelle charge, le sieur testateur a donné audit sieur curé,
» vicaire ou prêtres qui célébreront ladite messe après son
» décès, le nombre de vingt-neuf livres de rente et deux
» chapons gras... »

Parmi les prêtres qui vécurent à Saint-Denis-le-Vêtu, au temps de Mᵉ Louis Briault, on remarque Mᵉˢ François Lallouel, Henri Tillard, Jean Paris et Pierre Letouzey.

Mᵉ Guillaume Néel, originaire de Saint-Denis-le-Vêtu, prêtre habitué à la cathédrale de Coutances, fit, au commencement de la cure de Mᵉ Louis Briault, le 6 septembre 1657, une fondation à la fabrique de Saint-Denis ; elle consistait en une rente de 7 livres 10 sols pour les messes matinales du mois d'octobre, novembre, décembre et janvier. Le 13 juin 1667, le sieur Jean Lemazurier constituait définitivement cette rente hypothéquée sur ses biens meubles et ses héritages présents et à venir.

Le 18 mars 1662, une femme du nom de Nicollasse Leroyer faisait aussi une fondation à la fabrique de Saint-Denis-le-Vêtu. Elle consistait en cent sols de rente et en la valeur locative d'une maison et d'une portion de terre y attenant.

Me Louis Briault fit passer, au mois d'octobre 1692, son bénéfice à un sous-diacre rempli comme lui d'énergie et de talent, Me Jean Denys, alors élève au Séminaire de Saint-Nicolas-du-Chardonnet, à Paris. Me Jean Denys fut ordonné prêtre l'année suivante et vint prendre possession de la cure de Saint-Denis-le-Vêtu. Il était le fils de Me Gilles Denys, procureur du roi à Coutances ; celui-ci soutint Me Briault dans son procès avec Me François Le Vasseur, abbé commendataire de Blanchelande. Ce fut probablement pour le récompenser de ses services que Me Louis Briault aurait résigné son bénéfice en faveur de son fils et l'aurait fait agréer par l'autorité compétente.

Me Louis Briault mourut en 1694, dans son manoir de Bosville. Sa nièce hérita de lui et vint habiter ce manoir avec son mari, le sieur de Pierrepont.

II

Me JEAN DENYS, CURÉ
—
(1693 à 1732)

Au commencement de la cure de Me Jean Denys, en 1693, on signale pour la première fois l'existence d'un bureau de bienfaisance à Saint-Denis-le-Vêtu. On voit figurer sur la liste des souscripteurs l'abbé de Blanchelande, pour la somme de 100 livres, Mme Mortaing, seigneur et patron honoraire de la paroisse, pour la somme de 40 livres, et M. Hénault, avocat au Parlement de Paris, pour la somme de 80 livres. La somme totale des souscriptions s'élevait à 913 livres.

M° Louis Briault disait en 1672, dans sa supplique adressée aux seigneurs du Parlement de Rouen, que la paroisse de Saint-Denis-le-Vêtu était remplie de pauvres ; mais on ignore si à cette époque existait déjà un bureau de bienfaisance ; on serait tenté de croire qu'il n'y en avait pas encore ; car M° Louis Briault semble insinuer, dans cette supplique, que la charge des pauvres retombait en grande partie sur lui. Ce serait donc M° Jean Denys qui le premier aurait établi un bureau de bienfaisance fonctionnant par mode de souscriptions volontaires. C'est là une œuvre excellente qui aurait suffi à donner à sa cure un cachet de bienfaisance et de distinction.

Cette œuvre ne fut pas la seule qu'accomplit ce jeune prêtre d'une activité remarquable.

Dès les premières années de son administration, M° Jean Denys songea à faire des travaux à l'église et au cimetière. Il fit placer un lambris sur les deux autels de la Sainte-Vierge et de saint Sébastien, et entourer ces autels de balustrades, afin « d'éviter et d'empêcher l'indécence des peuples » qui s'y accoudent et s'endorment. » Il fit démolir deux petits murs qui étaient au pied des murailles de la tour, tourner et placer les deux petits autels de la Sainte-Vierge et de saint Sébastien dans les angles des deux piliers de cette tour, « afin de dégager le grand autel que ne pouvaient » voir la plupart des personnes placées dans la nef. »

Quelque temps après, Eustache de la Vente, célèbre peintre de Vire, lui fait un tableau de saint Sébastien, que l'on ne possède plus malheureusement à Saint-Denis. A la même époque, M° Jean Denys fait démolir le Jubé ou vieux pupitre suspendu sur la grande porte de l'église (1); il le remplace

_____

(1) C'est de là qu'on faisait les annonces.

par une chaire qu'il fait construire au haut de la nef, du côté de l'Evangile. Il achète beaucoup d'ornements et de linges sacrés.

Quant à ses revenus temporels, il s'en occupa comme son prédécesseur.

Le 20 septembre 1697, il afferma ses dîmes à Pierre Thélot et à Jean Fauchon, de la paroisse de Saint-Denis-le-Vêtu. Il jouissait non seulement de ses dîmes novales, mais encore des dîmes de l'abbaye de Blanchelande dans les paroisses de Saint-Denis-le-Vêtu et de Saint-Pierre-de-Coutances, moyennant 600 livres payées à l'abbé commendataire Mre François Le Vasseur de Coignée.

En 1702, cet abbé ne se contentait pas d'affermer ses dîmes à Me Jean Denys, mais encore il les lui baillait en fief durant sa vie; de cette manière, il croyait éviter tout procès.

Me Jean Denys faisait récolter ses dîmes, surtout ses dîmes de sarrasin, par plusieurs personnes de la paroisse. Le 15 octobre 1712, il avait envoyé pour récolter et battre les sarrasins auxquels il avait droit, Charles et Louis Lehaut. Ceux-ci entrèrent ce jour-là dans deux pièces de terre situées au village de Bourgneuf, desquelles jouissaient Adrien, Nicolas, Louis et Charles Lefèvre. Ces personnes battaient alors leur sarrasin dans ces pièces.

Dès qu'elles aperçurent Louis et Charles Lehaut avec un mulet à-demi chargé de sarrasin qui venait d'être dîmé et battu ailleurs, les sieurs Lefèvre parièrent avec Françoise Cornet qu'un sieur Adrien Girot, qui leur aidait, comme elle, à récolter leur sarrasin, battrait bien ces deux petits b..., et les ferait sortir des deux pièces de terre ; et comme Françoise Cornet gageait le contraire, les sieurs Lefèvre excitèrent et firent courir Adrien Girot contre les sieurs Lehaut, qui abandonnèrent leur mulet et s'enfuirent.

Mais Charles Lehaut n'ayant pu passer le fossé assez

promptement, Girot, excité par les sieurs Lefèvre qui lui criaient : « Courage, du cœur, » porta de toute la force de son fléau, sur la tête de Charles Lehaut, un coup qui le renversa par terre en le blessant grièvement. A cette vue, les sieurs Lefèvre accoururent et mirent de la menue paille de sarrasin sur la blessure et lui lièrent la tête avec un petit mouchoir. Françoise Cornet, épouvantée par cette blessure, jura qu'elle ne ferait plus de gageures pareilles. Sur ces entrefaites, arrivait un sieur Pierre Fouchard, conducteur de la batterie de sarrasin dîmé; il reprocha vivement aux sieurs Lefèvre d'avoir maltraité Charles Lehaut, et par ce moyen empêché de dîmer le sarrasin qu'ils avaient battu sans avertir le curé ou ses préposés. Louis Lefèvre, un des fils d'Adrien, le prit par le bras et lui dit : « Vieux b..., j'ai mis ta dîme sur l'autre sillon, proche les raies. »

Le curé de Saint-Denis fit panser et soigner Charles Lehaut, puis supplia le Tribunal de Coutances de poursuivre les délinquants, disant que de telles voies de fait ne doivent pas être permises, ni autorisées ; qu'elles tendent à le priver de la récolte de la dîme et l'empêchent de trouver des gens pour la faire. Cependant, le 17 octobre, Adrien Lefèvre lui donna 25 livres pour médicaments, frais et dommages-intérêts ; à la prière de Mᵉ Le Conte d'Ymouville, Mᵉ Jean Denys se contenta de cette compensation, et l'affaire en demeura là (1).

Par cet exemple, on voit que le temps de l'indifférence religieuse et de l'impiété se dessine de plus en plus. L'ancien régime des dîmes, qui remonte pourtant au berceau du Christianisme, n'est pas loin de sombrer et de faire place à un autre système. Heureusement le Concordat de 1801, pour le bien de la religion catholique, a rétabli en France

_____

(1) Archives paroissiales.

un ordre équitable. Au moins faudrait-il appliquer loyalement ce Concordat.

M⁰ Jean Denys n'eut pas autant d'ennuis et de luttes à supporter que son prédécesseur. Néanmoins, en 1723, il eut un procès à soutenir à l'occasion des dîmes novales des terres défrichées, depuis 1678, dans le trait de l'abbaye de Blanchelande ; on les lui avait indûment enlevées.

Ce n'était plus Mˡᵉ Levasseur de Coignée qui était abbé de Blanchelande. Il avait été remplacé par Mˡᵉ Gilles Raguet, docteur en théologie. Cet abbé avait comme fermiers de ses dîmes, à St-Denis-le-Vêtu, Nicolas Simonne et Pierre Lecapelain ; ceux-ci voulurent troubler M⁰ Jean Denys dans la perception de ses dîmes novales sur les terres défrichées depuis 1678. Le curé, en ayant appelé aux juges de Coutances, en reçut gain de cause.

En 1726, l'abbé commendataire de Blanchelande, Mˡᵉ Gilles Raguet, fut remplacé par Mˡᵉ Pierre-Paul de Lormande. Le curé de Saint-Denis connut la nomination de ce dernier par un vieil ami d'enfance, Mˡᵉ Counires, haut personnage qui avait des relations avec la Cour de Versailles.

Voici ce qu'à cette occasion lui écrit cet ami. La lettre est intéressante à cause d'une réflexion sur certains ministres de Louis XV :

« Il a fallu, dit-il, aller à Versailles, mon cher monsieur, » pour apprendre que Mˡ Raguet a remis l'abbaye de Blan- » chelande au roi et que le roi en a disposé en faveur de » Mˡ l'abbé de Lormande, qui avait fait des leçons de latin » aux princesses, filles de Monsieur le Duc d'Orléans (1). Je » ne sais si vous ferez beaucoup mieux avec celui-ci qu'avec » l'autre. En tout cas, comme je le connais un peu, si vous » avez quelque commission à me donner auprès de lui, je m'en

(1 C'est Philippe II, le Régent ; il eut un fils, Louis d'Orléans, et cinq fill. parmi lesquelles on remarque la duchesse de Berry.

» acquitterai avec exactitude et avec plaisir. Nous sommes
» ici fort inquiets de ce que nous allons devenir sous le nou-
» veau ministre (cardinal de Fleury) qui, avec beaucoup de
» talents, n'a certainement pas ceux de son prédécesseur
» (duc de Bourgogne). »

Mʳ de Lormande, représenté par Mʳ André, curé de Magne-
ville (Bricquebec), fit à Mᵉ Jean Denys un procès concernant
les dîmes novales. A l'occasion de ce procès, voici ce qu'é-
crit encore à Mʳ le curé de St-Denis son ami Counires, le
20 avril 1728 :

« Je crois, mon cher monsieur, que vous touchez au
» moment de voir finir vos contestations sur les novales
» de votre paroisse. Mʳ André, à qui Mʳ l'abbé de Lormande
» a donné les pouvoirs, doit se rendre le 25 du présent mois,
» à St-Denis, pour examiner le fond de cette affaire qui au-
» rait été terminée, il y a un mois, s'il n'était pas tombé
» malade.

» A l'égard de Mʳ l'abbé de Lormande, c'est l'homme du
» monde qui hait le plus tout ce qui s'appelle procès, et je
» le trouvai, il n'y a encore que deux jours, porté à tout bon
» et convenable accommodement.

» S'il survient encore quelque difficulté que vous ne puis-
» siez pas lever avec Mʳ André, faites-m'en part, et j'agirai
» ici en bon et fidèle commissionnaire.

» Adieu, mon cher et bien aimé compatriote. Je vous
» embrasse tous deux, oncle et neveu (1), et suis de tout
» cœur, avec l'attachement le plus tendre et le plus cons-
» tant, mais sans compliments, votre très humble et très
» obéissant serviteur.   COUNIRES. »

On ignore comment se termina ce procès pendant entre
Mᵉ Jean Denys et Mʳ de Lormande ; il est à croire que les
droits du curé furent sauvegardés et que l'abbé commendataire fut obligé de les respecter.

———————————————

(1) Mᵉ Jean Denys et son neveu, avocat à Coutances.

M⁰ Jean Denys ne s'occupait pas seulement des affaires du temps ; il avait une foi vive et une grande espérance dans les récompenses éternelles : sachant que le ciel n'est ouvert qu'aux âmes purifiées de toute souillure, il songea que les suffrages pour les morts sont souvent nécessaires aux âmes qui ont quitté ce monde ; il pensa d'abord à la sienne et à celles de ses parents ; aussi fit-il, en 1716, une fondation dans l'église de St-Denis-le-Vêtu ; elle consistait en une rente de 25 livres donnée à la cure et au trésor de l'église, à charge de célébrer à perpétuité six services pendant les six derniers mois de l'année, à partir de juillet inclusivement, les mardis de la première semaine de chacun d'eux ; la fabrique et la cure étaient chargées également d'acquitter deux messes basses, l'une la veille, l'autre le jour de saint Jean-Baptiste, patron du donateur.

Puis, se souvenant des âmes des anciens paroissiens de St-Denis qui avaient songé à faire dire, pour leur repos éternel, des prières à perpétuité, M⁰ Jean Denys révisa les registres de la fabrique, les mit en ordre et fit reconnaître, en 1719, toutes les fondations existant depuis 1453.

En 1726, une femme, nommée Adrienne Davenel, constituait en faveur de la fabrique de St-Denis-le-Vêtu une rente de 5 livres, à charge de faire célébrer cinq messes aux fêtes de la Sainte-Vierge.

C'est durant la cure de M⁰ Jean Denys, en 1712, que vint s'établir à St-Denis-le-Vêtu Mʳᵉ Nicolas de Guillebert du Perron, président aux traites. Il était, comme on peut le voir par la similitude de leurs armes, de la même famille que le cardinal du Perron (1). Mʳᵉ Nicolas du Perron avait acheté

---

(1) Le cardinal du Perron, né en 1556, à Saint-Lo, fut nommé évêque d'Evreux en 1593, combattit, par sa parole éloquente, les Calvinistes, et reçut en récompense le chapeau de cardinal en 1604. Il mourut archevêque de Sens, en 1618.

d'une demoiselle Letousey, fille d'un ancien avocat de Coutances, le château et la terre de Boisroger.

La famille du Perron est actuellement représentée à St-Denis-le-Vêtu par les demoiselles Préc, dont le grand-père, du côté maternel, était Mre Jean-Nicolas de Guillebert du Perron, marié à une demoiselle de Laubric. Cette famille de Laubric est une des plus anciennes familles nobles de Normandie : la branche aînée est représentée actuellement par M. Georges de Laubric, demeurant à Mesnil-Raoult (Tessy-sur-Vire).

En 1701, Guillaume Hénault, sieur de la Moricerie, mourait laissant des enfants en minorité. Leurs tuteurs, messires Guillaume du Breuil et Léonor Néret de Rancourt, ne voulurent pas reconnaître la rente due au trésor de l'église de St-Denis à cause de la fondation de Me André Hénault. Alors Me Jean Denys leur fit un procès au nom de la fabrique ; celui-ci obtint gain de cause. Les tuteurs poursuivirent l'affaire. Le 22 mars 1706, une sentence favorable à la fabrique fut de nouveau rendue par le tribunal de Coutances. Les tuteurs ne voulurent pas payer de gré ; une saisie fut faite sur les biens du fermier de la terre de la Moricerie, suivant les termes mêmes de l'arrêt de la Cour.

Sous la cure de Me Jean Denys, les paroissiens de St-Denis eurent une affaire avec le seigneur et patron de la paroisse, Nicolas Mortaing ; celui-ci voulait qu'ils payassent aux chanoines de la cathédrale d'Avranches, 100 livres, sur la succession du sieur Nicolas de Pigousse de la Roquelle, ancien patron honoraire de la paroisse.

Jusqu'à cette époque, les assemblées générales des paroissiens ne s'étaient guère occupées que des affaires de l'église. Mais à partir de l'année 1700 ou environ, elles commencent à traiter les questions concernant l'impôt, la situation des pauvres de la paroisse et les intérêts de la communauté.

C'est ainsi qu'à une assemblée du 10 septembre 1702, on nomme cinq collecteurs pour faire l'assiette et la collection des deniers à taille ; ces cinq collecteurs étaient cette année : Barthélemy Amy, Charles Duchemin, Adrien Delarue, Nicolas Tassey et Jacques Leclerc (1).

En ce qui concerne les affaires de la communauté, on délibéra spécialement, dans une assemblée du 18 juin 1716, sur la nécessité de faire disparaître des volières de pigeons établies sans aucun droit par quelques paroissiens de Saint-Denis.

A la fin de la cure de Mᵉ Jean Denys, on remarque une chose intéressante : c'est le rapport que fait un archidiacre de Coutances concernant l'état de l'église de St-Denis-le-Vêtu. Cet archidiacre était messire René-Vercingétorix de Gourmont de Courcy.

Voici ce rapport fait le 25 juillet 1729 :

« Nous avons trouvé, dit-il, la clôture du cimetière ainsi
» que les couvertures de l'église en bon état, l'intérieur
» entretenu proprement. Sur ce que le sieur Denys, curé,
» a souhaité rendre son compte en notre présence et pen-
» dant le cours de notre visite, des deniers qu'il aurait reçus
» de la fabrique de l'église et de l'emploi qu'il en a fait,
» nous avons ordonné que ledit compte soit estimé en notre
» présence.

» A quoi s'est présenté Jean-Joseph Leroux, paroissien
» de ladite paroisse, qui nous a demandé acte de la repré-
» sentation qu'il a faite et de la délibération passée devant
» Allix, notaire (à Coutances), le 5 décembre, dûment scel-
» lée et visée par Monseigneur l'Intendant, le douze janvier
» dernier, par laquelle ledit Leroux est établi scindic pour
» faire rendre les comptes aux trésoriers, ne les ayant rendus

---

(1) Tous les ans on renouvelait ces collecteurs d'impôts et on discutait leurs comptes.

» depuis mil six cent quatre-vingt-dix-huit jusques et com-
» pris mil sept cent vingt-sept, pour être examinés et esti-
» més par Jacques de Pierrepont, écuyer, François de Pier-
» repont, son frère, écuyer, Pierre Delarue, Pierre Guillot,
» Charles Fauchon-La Croix, Julien Esnée, André Le Roux,
» Pierre Quinette, en la présence de Charles-Bonaventure
» Hénault, seigneur et patron dudit lieu. . . . .

» Le compte est fait double, et les pièces justificatives
» sont aussi représentées en la présence de tous les parois-
» siens qui voudront y assister en conséquence de l'avis à
» eux donné au prône des messes paroissiales des deux
» dimanches derniers, en exécution du mandement par nous
» envoyé, qui a indiqué la visite de ce jour.

» Ledit sieur curé a soutenu que l'absence du sieur Hé-
» nault, seigneur de cette paroisse, n'est pas une cause
» légitime pour empêcher l'examen dudit compte pendant le
» cours de notre visite, ce qu'il a signé. . . . .

» Vers trois heures de l'après-midi, continuant notre
» visite, dans le chœur de l'église de St-Denis-le-Vêtu, nous
» avons procédé à la continuation de l'examen du compte
» dudit sieur curé, en présence de M⁰ˢ Guillaume de la Mon-
» nevie, prêtre, vicaire de ladite paroisse, Jean Fauchon,
» prêtre, Adrien Amy fils, trésorier en exercice, François
» Bonté, procureur du roi en la vicomté de Gavray, etc......

» Nous ordonnons aux trésoriers de rendre leurs comptes
» dans les trois mois sous peine de six livres d'amende ;
» nous enjoignons au trésorier en exercice d'astreindre les-
» dits trésoriers-comptables au paiement de ces amendes en
» cas d'inexécution de notre présente ordonnance, et d'em-
» ployer le produit dans son chapitre des recettes... Nous
» enjoignons au trésorier de faire mettre la grosse cloche
» en état qu'elle puisse sonner d'avol, à peine d'interdiction
» du clocher à notre prochaine visite, et de fournir une
» chape violette pour l'office des dimanches de l'Avent et
» du Carême. Nous enjoignons à ceux qui n'ont satisfait au
» devoir pascal, de s'en acquitter dans deux mois, sous

» peine d'excommunication, et de nous être dénoncés à
» notre prochaine visite... (1) »

Signé GOURMONT DE COURCY.

M° Jean Denys eut pour principaux vicaires M° Guillaume
de la Monnevie, M° Coutances, M°ˢ Adrien Vincent et Jean
Fauchon. Ils présidèrent souvent l'un ou l'autre les assemblées générales des paroissiens.

Outre les seigneurs que nous avons cités, nous remar-
quons encore à cette époque Mʳᵉ François Gaultier de la
Benserie, seigneur de la Champagne (Trelly) et de Brucourt;
Jacques Vaultier, du manoir de Courcy, sieur du Grand-
Fontenay ; Pierre de la Rue, avocat, sieur de la Caterie. Ce
dernier fit, en 1715, un acte de conciliation avec la fabrique;
après procès, il reconnaissait par cet acte devoir au trésor
de l'église de St-Denis-le-Vêtu cinq arrérages d'une rente de
trois livres dix sols sur les héritages de Gilles Tassey, à
cause de la donation de M° Pierre Luce, prêtre. Cette rente
accordait au sieur Pierre de la Rue, à ses héritiers et descendants, la troisième place des bancs avec le droit de sépulture. Le sieur Pierre de la Rue offrait même, outre cette
rente, de donner une somme de trente livres au profit de
l'église de St-Denis. Les paroissiens acceptèrent cette proposition pour le bien de la paix, à condition qu'il donnerait
cent sols en plus des trente livres.

Parmi les témoins assemblés pour délibérer sur cette affaire,
on remarquait M° Pierre Le Roux, prêtre, M° Jean-Baptiste
Marie, sous-diacre, Pierre Le Conte, écuyer, sieur de l'Epiney.

Tels sont les principaux faits accomplis à St-Denis-le-Vêtu
durant la cure remarquable de M° Jean Denys.

_____

(1) On sait que ceux qui ne satisfaisaient point à ce devoir étaient,
d'après le Concile de Latran, privés de la sépulture chrétienne.

Il mourut en 1732, et fut enterré, suivant la coutume, dans le chœur de l'église de St-Denis-le-Vêtu ; sa mère avait été, quelques années auparavant, enterrée sous la tour de cette église (1).

III

Débuts de l'administration de M· Louis Lepaillier.

(1732 à 1738).

Le successeur de M· Jean Dei. fut M· Joseph-Louis Lepaillier.

Comme ses prédécesseurs, il eut un procès à soutenir contre l'abbé commendataire de Blanchelande, M· Pierre-Paul de Lormande.

Celui-ci avait, le 23 juin 1734, passé devant les notaires de la ville de Coutances, Louis Duhamel et Samson Guille, un bail des dîmes de l'abbaye dans la paroisse de St-Denis-le-Vêtu. Ce bail était fait pour trois ans à Pierre Lecapelain, de la paroisse d'Ouville, à Louise Yvelin, son épouse, et à ses fils solidairement. Les agents du seigneur abbé prétendirent encore s'emparer, au nom de leur maître s menues et vertes dîmes appartenant au curé de St-Denis-le-Vêtu. Un procès s'en suivit et se termina le 20 mai 1737 par un bail fait à M· Joseph-Louis Lepaillier, curé, de toutes les grosses dîmes de l'abbaye de Blanchelande dans la paroisse de St-Denis-le-Vêtu. Dans ce bail on disait :

« Le seigneur abbé continue de percevoir ces grosses » dîmes, à l'exception néanmoins des dîmes de sarrazin,

(1) Archives paroissiales.

» pois, fèves, lentilles, bois-taillis, bois-jean, trémaines,
» lins, chanvre, brebis, agneaux, pommes et toutes menues
» et vertes dîmes, articulées dans son écrit signifié requête
» de maître Macé, procureur dudit sieur preneur, à maître
» Le Trouyt, procureur dudit seigneur bailleur, le 27 avril
» dernier, dont il soutient être en possession (1), aux protes-
» tations contraires dudit seigneur abbé. »

C'est là le dernier procès entre les abbés commendataires
de Blanchelande et les curés de St-Denis-le-Vêtu.

Cependant Me Joseph-Louis Lepaillier eut à soutenir,
contre ses paroissiens eux-mêmes, un procès qui fut, pour
ainsi dire, la conséquence de celui de Blanchelande. Me Pierre
de Lormande avait, par accommodement, fait un bail au
sieur curé de St-Denis; or, ce bail rendait Me Lepaillier
fermier, et les fermiers étaient alors taillables ou susceptibles
de payer l'impôt de la taille. Néanmoins, d'après une loi de
1723, les curés étaient exempts de payer cet impôt. Les collecteurs d'impôts de la paroisse de St-Denis-le-Vêtu réclamèrent la taille à M. le curé; de plus, les paroissiens réunis
en assemblée générale furent d'avis que Me Lepaillier devait
payer cet impôt en qualité de fermier.

Mais Me Lepaillier, s'appuyant sur le décret de 1723, prétendait de son côté qu'il était exempt de la taille, et il adressa
sa supplique au marquis de Vastan, intendant de la Généra-
lité de Caen.

L'affaire fut portée devant la Cour du bailliage de Coutances. Les paroissiens de St-Denis nommèrent et établirent,
le 20 janvier 1738, les personnes de Gilles Delarue et de Jean
Lehaut pour conduire en leur nom cette affaire, et soutenir
contre Me Lepaillier que, n'étant point dans l'espèce de disposi-

(1) Le curé de St-Denis soutenait être en possession des menues et
vertes dîmes.

tions portées par la déclaration du roi du 16 novembre 1723, il ne pouvait s'exempter de payer l'impôt de la taille. Le 22 janvier suivant, Jean Lehaut, procureur-syndic des habitants de St-Denis, portait leur requête devant la Cour de Coutances et en exposait les motifs.

Par un arrêt de la Cour de Coutances du 3 mars suivant, Me Joseph-Louis Lepaillier, curé, était rayé des rôles à taille, et les collecteurs d'impôt furent sommés de représenter devant la Cour leurs rôles modifiés.

Ceux-ci refusèrent d'abord et furent contraints de le faire et de payer dix livres d'amende pour leur refus.

La fabrique avait aussi en ce temps-là des difficultés pour se faire payer quelques rentes de fondations.

A cette époque, le pouvoir civil soutenait la hiérarchie ecclésiastique contre l'esprit de révolte populaire qui commençait à se déchaîner. La religion n'était pas aussi florissante ; la corruption des mœurs amenée, il faut l'avouer, par le luxe et la licence des grands, avait affaibli la foi et le respect du clergé chez le peuple.

Il y avait sans doute des réformes à faire, puisqu'il y avait des abus ; mais, nous le répétons encore, si l'on avait eu quelque patience, on aurait fait des réformes plus pacifiques, moins radicales et moins désastreuses.

Ce qui n'est pas fait complètement à l'heure actuelle peut encore se faire, avec du temps et de la réflexion, par des hommes vraiment soucieux du bien général de la religion et de l'humanité.

CINQUIÈME PERIODE

Grandes réparations faites à l'église de Saint-Denis-le-Vêtu.

(1738 à 1789).

Nous arrivons à la dernière période de la troisième époque de la paroisse de St-Denis-le-Vêtu, période qui précéda la Révolution. C'est celle des grandes réparations entreprises dans l'église de St-Denis-le-Vêtu. Ces réparations empêchent de reconnaître actuellement l'antiquité de la nef et du chœur. Il y a pourtant dans le chœur deux petits vitraux placés en face l'un de l'autre, qui remontent au quatorzième ou quinzième siècle : ils ne représentent aucun dessin ; mais leur style prouve une antique origine.

I

Fin de l'administration de Mⁱ Louis Lepaillier, curé.

(1738 à 1754).

Mⁱ Joseph-Louis Lepaillier entreprit quelques travaux vers le commencement de sa cure ; mais nous avons à parler surtout de ceux qu'il fit exécuter depuis l'année 1747 à 1754.

Le 26 mars de l'année 1747, une assemblée des paroissiens se réunit au pied de la croix. On y remarque, entre autres, Mⁱᵉ Charles-Bonaventure Hénault, comte de Saint-Jean, seigneur de la paroisse ; Mⁱᵉ Michel de Guillebert du Perron, sieur de Boisroger ; Mⁱᵉˢ Jacques de Pierrepont, sieur de Bosville, Agnès, avocat à Coutances, sieur du Grand-Epiney,

Pierre Le Roux, prêtre, Jean Fauchon, vicaire, Michel Le Cordière, prêtre, François Le Roux, avocat, et Adrien Delarue, procureur du roi.

Ils délibérèrent au sujet du rétablissement tant en maçonnerie qu'en charpente et couverture de la nef de l'église. Ils décident qu'on démolira les deux costières de cette nef, qu'on les fera rétablir à neuf avec quatre croisées, dont deux au midi et deux au nord ; on y fera une charpente toute neuve en bon bois de chêne.

Le travail et le prix seront réglés par M⁰ Joseph-Louis Lepaillier, curé, Charles-Bonaventure Hénault, Michel de Guillebert du Perron, trésorier de France, Jacques de Pierrepont, etc.

Dans une nouvelle assemblée du 3 avril, de la même année, on décide que les deux costières de la nef seront démolies, à l'exception du pignon et du portail (1) qui subsisteront tels qu'ils sont, ainsi que les deux bouts des costières qui sont contre la tour. Les deux croisées seront de la hauteur de sept pieds huit pouces, y compris les cintres, sur trois pieds quatre pouces de largeur.

On démolira l'ancien vitrail qui est sur l'autel saint Sébastien, du côté de l'épître. Les sablières seront saillantes en dehors.

La nef sera couverte en ardoise fine de la carrière de M⁰ Lair, de St-Romphaire, et cette ardoise sera charriée par les paroissiens.

Le tout est estimé deux mille livres.

A une autre assemblée du 30 avril, on décide d'ôter le chapiteau ou couverture qui se trouve sur la grande barrière de l'entrée du cimetière, « attendu qu'il menace ruine

_____

(1) Le portail a disparu en 1833.

» et qu'il y aurait danger à y faire tous les charriages né-
» cessaires pour les réparations de la nef. »

Ce fut Mᵉ Pinel, architecte, bourgeois de Thorigny et
résidant au Chefresne (Percy), qui se chargea de l'entreprise.

Ce travail sans doute était urgent, mais malheureusement
il n'a pas été complet.

Il aurait fallu, à cette époque où il y avait à St-Denis tant
de gens riches et influents, faire une nef plus commode.

L'amélioration de cette nef est une œuvre qui pourra s'imposer à bref délai, surtout après l'œuvre si belle du presbytère : il n'est pas en effet convenable que la maison de Dieu
soit inférieure à celle de son ministre.

Nous avons raconté ce que nous connaissons de plus im-
portant durant la cure de Mᵉ Joseph Lepaillier. Il acheta
en 1754, de Mʳᵉ Jacques de Pierrepont, le manoir de Bosville où il se retira, avec le titre de prieur de Salle. Il y vécut
jusqu'en 1782, demeurant encore très influent dans la paroisse. Il se retira ensuite à Granville, chez une de ses nièces,
et y mourut peu de temps après.

II

Administration de Mᵉ Jacques Fauchon, curé, jusqu'à la Révolution.

(1754 à 1789).

Son vicaire, Jacques-Jean-Michel Fauchon, originaire de
la paroisse, lui succéda en 1754. Il suivit les traces de son
ancien curé et fit faire beaucoup de réparations matérielles.

En 1754, il fit placer la porte du grand portail, laquelle
subsiste encore.

En 1758, il fit réparer les murs du cimetière et couvrir le
petit portail de l'église.

En 1761, il fit démonter et rétablir la table du grand-autel.

Trois ans après, un sieur Dominique Anquetil et ses compagnons, ouvriers de Coutances, travaillent soixante-dix-sept jours au côté nord du chœur. Ils font les bancs et stalles de ce chœur et placent treize bancelles sous la tour.

C'est également en l'année 1764 qu'on fait une sacristie neuve, une caisse pour l'horloge de la tour et deux portes des deux côtés de cette tour.

Il y a encore, dans les années suivantes, plusieurs travaux d'exécutés dans l'église.

Mais c'est surtout en 1776 que recommencent les grands travaux. Le 30 juin de cette année, les paroissiens s'assemblent à l'issue des vêpres. On remarque dans cette réunion M⁺ᵉ de St-Denis, seigneur et patron de la paroisse, M⁺ˢ Marie-Nicolas de Boisroger et de Clais, M⁺ Joseph-Louis Lepaillier, prieur de Salle, ancien curé, et M⁺ Agnès, avocat. Ils délibèrent spécialement sur l'état et les réparations à faire à la charpente de la tour et au beffroi qui supporte les cloches : on y décide de faire refondre deux cloches, la seconde et la petite, et d'en faire deux nouvelles consonnantes et concordantes. Ils autorisent Jean Lecordière et Jean-Jacques Guenon à s'occuper de ce travail ; ces deux députés des paroissiens choisissent pour le faire M⁺ Dubosq, fondeur à Landelles (1).

Deux ans après, en 1778, les paroissiens de nouveau assemblés décident de refaire les murs du cimetière au nord et au levant, depuis le petit jusqu'au grand escalier de l'extrémité sud ; ils décident aussi de réparer les vieux du côté du midi.

En l'année 1784, les paroissiens s'assemblent encore. Parmi eux, nous pouvons citer M⁺ du Mesniladelée, sieur de Laulne.

On décide, dans cette assemblée, de faire refondre deux

(1) Landelles est une paroisse du diocèse de Bayeux ; elle faisait autrefois partie du diocèse de Coutances.

cloches « par les fondeurs qui seront choisis de l'avis de M^{re} de St-Denis, de MM. René Delarue-Leslongchamps et Guillaume Fauchon-Lesjardins. » Ceux-ci ont recours à M. Jean-Baptiste Mourgeot, de Villedieu.

Une nouvelle assemblée se réunit le 3 septembre 1786.

On remarque parmi les assistants M. Michel Hauduc, sieur de la Saulnerie, officier de la chancellerie du président de Coutances, Mr Jean-Baptiste Carouge, secrétaire-greffier du point d'honneur. Ils confèrent au sujet d'une place à donner dans la nef à Mre Paul-François Le Conte, chevalier d'Ymouville, à la suite du seigneur de St-Denis. M^r Le Conte d'Ymouville avait acheté, en 1782, le manoir de Bosville où résidait Me Joseph Lepaillier, ancien curé de St-Denis.

La séance du 3 septembre n'aboutit à aucun résultat.

Le 17 du même mois a lieu une nouvelle assemblée assez orageuse. M^r le curé de St-Denis refuse de présider en l'absence de M^r de St-Denis, patron honoraire de la paroisse. On décide enfin, après une discussion vive, que M^r Le Conte d'Ymouville pourra avoir un banc spécial dans le chœur.

Le 8 juillet 1787, on fait une autre assemblée des paroissiens, afin de délibérer sur les réparations à faire au pont de St-Denis, situé sur la grande route de Coutances à Gavray. Le bureau des finances veut charger de cette réparation les paroissiens de St-Denis ; mais ceux-ci décident qu'ils ne peuvent être obligés à supporter cette charge.

Enfin, le 10 octobre 1788, a lieu la dernière assemblée générale des paroissiens avant la Révolution. Ils y délibèrent sur les dépenses à faire à la nef, au petit portail de l'église et aux murs du cimetière, ainsi que sur l'achat d'ornements d'église. Ils décident de s'en rapporter pour les dépenses à Me Jacques Fauchon, curé, et à M. l'abbé Amy, vicaire. Cette dernière assemblée finissait par un acte de confiance envers le clergé.

CHAPITRE QUATRIÈME

QUATRIÈME ÉPOQUE

SAINT - DENIS - LE - VÊTU SOUS LA RÉVOLUTION

I

Saint-Denis-le-Vêtu depuis 1789 à 1793.

Nous arrivons maintenant à l'histoire de la paroisse de St-Denis-le-Vêtu pendant la grande Révolution. Mais nous ferons remarquer au lecteur que les documents écrits nous faisant à peu près défaut, nous nous sommes guidé principalement sur la tradition.

Le dimanche 22 février 1789, Mr J. Jean Fauchon, curé, lut au prône de la messe paroissiale et fit afficher à la porte principale de l'église la lettre du roi Louis XVI, avec le règlement du 24 janvier précédent, concernant la convocation des Etats-Généraux du royaume.

Le dimanche suivant, 1er mars, les paroissiens s'assemblent pour faire le cahier des Remontrances et nommer des délégués à l'assemblée des trois ordres, qui se tiendra à Coutances, le 16 du même mois. Les délégués du Tiers-Etat sont : MM. Nicolas Hercent-Lafresnaye et André Fauchon.

Le lundi 16 mars, M. Jacques-Jean Fauchon, curé, M. de St-Denis, seigneur de la paroisse, et les délégués du Tiers-

Etat se rendent à l'assemblée générale de Coutances, pour élire les députés aux Etats-Généraux du royaume. Ceux-ci commencent, comme on le sait, le 5 mai 1789.

Le 4 août, l'Assemblée nationale sécularisa les biens ecclésiastiques et décréta qu'ils appartenaient à la nation. Par cet acte arbitraire et injuste, l'Abbaye de Blanchelande, le chapitre de la cathédrale de Coutances et le curé lui-même perdirent les dîmes qu'ils possédaient à St-Denis-le-Vêtu. Le curé de cette paroisse reçut pour vivre l'indemnité promise aux titulaires des bénéfices et des cures, c'est-à-dire environ douze cents livres par an (1).

Les autorités locales devaient surveiller les biens ecclésiastiques. Les autorités municipales de St-Denis-le-Vêtu ne furent nommées qu'au commencement de l'année 1790. Toutes les communes devaient comprendre un maire, un conseil général de la commune élu par tous les habitants, une commission d'officiers municipaux nommée par le conseil général et prise dans son sein, pour l'expédition des affaires, un procureur-syndic (ministère public) qui était entendu sur toutes les affaires et chargé de les suivre.

On vit alors se produire à St-Denis, comme bien ailleurs, du reste, un fait assez remarquable : il prouve que la noblesse n'était, au moment de la Révolution, ni aussi détestable ni aussi détestée qu'on a bien voulu le dire. Ce fait fut l'élection comme maire de la commune de M. Michel de Guillebert du Perron de Boisroger ; on sut ainsi reconnaître à St-Denis les services et la capacité de ce seigneur en le choisissant comme premier magistrat de la commune.

La commune de St-Denis-le-Vêtu fit partie du canton de Cerisy, du district de Coutances et du département de la Manche.

---

(1) D'après le décret de l'Assemblée nationale du 2 novembre 1789.

La nouvelle municipalité fit faire un registre contenant les déclarations des contribuables de la commune, de ce qu'ils payaient de rentes chacun sur leur fonds. Ce registre, que nous avons parcouru, est intéressant. On y voit que M^r de St-Denis, seigneur de la paroisse, possède dans la commune 1,050 vergées de terre et qu'il perçoit sur un très grand nombre de paroissiens, en tout, 289 livres 10 sous, 89 boisseaux, 7 demeaux, 117 pots-chopines et 44 pots-pintes de froment, 63 boisseaux, 25 pots-chopines et 10 pots-pintes d'avoine, 7 boisseaux et demi de sarrazin, deux chapons gras, huit chapons maigres, deux poules grasses et vingt-huit poules maigres ; il a droit en plus à une demi-charretée de tangue, à cinq pains et à quelques gélines.

M. Nicolas Hercent-Lafresnaye payait à M. de St-Denis, chaque année, un pot-chopine et un pot-pinte de froment, plus un sol deux deniers en argent. Il faut avouer qu'il lui aurait fallu plusieurs vassaux comme celui-là pour devenir riche.

Le seigneur abbé de Blanchelande possédait dans la paroisse l'emplacement de la grange, les dîmes d'une grande partie de la paroisse et deux fiefs. Il percevait 2,860 livres diminuées de 430 livres payées à M. le curé de St-Denis ; les fermiers donnaient en plus douze boisseaux de froment aux pauvres de la paroisse.

Le chapitre de la cathédrale de Coutances possédait l'emplacement d'une grange dans la cour d'un sieur Néel, des grosses dîmes affermées 2,000 livres et trente-deux boisseaux de froment ; il payait deux cents livres à M. le curé de la paroisse. Celui-ci possédait un revenu de 1,450 livres.

D'après les déclarations, il y avait 6,990 vergées de cultivées (1). Les possesseurs de ces 6,990 vergées payaient res-

---

(1) La vergée est le 1/5 d'un hectare.

pectivement sur leur fonds, outre les dîmes et ce que nous avons dit précédemment : 1° au trésor de l'église : 44 livres d'argent, 31 boisseaux plus 6 demeaux et 3 labeaux de froment, une livre d'encens, deux livres de chandelles, une bêche et une houe pour faire les fosses ; 2° au clergé de la paroisse : 71 livres, 3 chapons et trois boisseaux, plus trois demeaux de froment ;

3° A l'Hôtel-Dieu de Coutances : 113 livres d'argent et 36 boisseaux de froment ;

4° Au clergé de St-Nicolas-de-Coutances : 26 livres ;

5° A l'église de Saussey : 2 livres, 2 boisseaux, 9 pots de froment ;

6° Au clergé d'Ouville : 72 livres ;

7° Au trésor de St-Martin-de-Cénilly : 28 livres 12 sols ;

8° Au trésor de la paroisse de Boisroger : 30 livres ;

9° Au domaine : 14 boisseaux et demi de froment ;

10° A l'abbaye de Hambye : 34 boisseaux de froment ;

11° Au prieuré de Cottebrune : 26 boisseaux de froment ;

12° Au prieuré de Guéhébert : 6 livres 10 sols ;

13° Aux religieux Dominicains de Coutances : 40 livres ;

14° A un nombre très considérable de particuliers : 9,784 livres d'argent, 161 boisseaux, 34 demeaux, 9 labeaux et 12 pots de froment (ordinairement mesure de Coutances), et 58 chapons et poules (1).

Ainsi la charge foncière de la commune de St-Denis-le-Vêtu ne s'élevait pas à 20,000 livres.

Nous ne pouvons comparer cette charge à l'impôt foncier dû à l'Etat et à la commune : ce n'est plus le même système. Cependant nous pouvons dire, en toute certitude, que, choses égales d'ailleurs, l'impôt était moins considérable

_____

(1) Ces dettes de particuliers à particuliers étaient, soit des dettes pour fiefs, soit des dots dues par des parents et affectées sur la terre.

qu'à l'heure actuelle. L'impôt de la taille, qui pesait sur les roturiers, n'était pas élevé, et il avait le mérite d'établir la hiérarchie sociale. On vivait alors à moins de frais : il n'y avait point dans la société tant d'appétits à assouvir ; les esprits et les corps étaient même plus sains qu'avec le progrès moderne. Il y avait sans doute certains abus à détruire. Des droits seigneuriaux, tels que le droit de colombier, le droit de chasse, etc., devaient disparaître. Mais il ne fallait pas tout bouleverser. On est allé ainsi vers un avenir inconnu ; c'était une réforme à la Catilina, et on s'est plongé dans un abîme bien pire assurément que celui qu'on prétendait combler. Encore n'envisageons-nous que le point de vue temporel. Au point de vue moral, on s'est jeté dans un sensualisme effréné.

Mais revenons au récit des faits accomplis à St-Denis-le-Vêtu pendant la Révolution.

D'après un décret de l'Assemblée Constituante, en date du 24 août 1790, tous les membres du clergé devaient prêter le serment schismastique appelé serment constitutionnel. La Révolution demandait aux prêtres, par ce serment, de reconnaître, même en matière de religion, l'autorité de l'Etat, au détriment de l'autorité du Pape ; par ce serment, elle tendait à faire de la France un pays schismatique.

Au commencement de l'année 1791, M. le curé Jacques-Jean Fauchon monta un dimanche en chaire et prêta d'abord le serment à la Constitution civile du clergé. Mais le dimanche suivant, il remonta en chaire, et disant qu'il n'avait pas suffisamment apprécié la portée de l'acte qu'il avait fait, il se rétracta, et les larmes aux yeux il demanda pardon à ses paroissiens du scandale qu'il leur avait donné. Après avoir si noblement réparé sa faute ou plutôt son erreur, il partit pour l'exil le 21 mai 1791. Il mourut en Angleterre, quelque temps après son départ. On ne connaît aucun détail sur les derniers moments de ce vieillard ; ce furent certainement ceux d'un saint prêtre et d'un confesseur de la foi.

Le 22 mai, son successeur assermenté prit possession de la cure de St-Denis-le-Vêtu. Ce dernier était Jean-Baptiste Bellais d'Ouville. C'était un tout jeune prêtre qui avait succédé, comme vicaire à St-Denis, à Mr Amy, originaire de la paroisse, décédé le 20 juillet 1789. D'après tous les renseignements et toutes les probabilités, le vicariat de St-Denis-le-Vêtu était le premier poste de Mr Bellais. Il prêta serment, comme son curé, à la Constitution civile du clergé ; mais, malgré les vives représentations de M. Jacques Fauchon, il n'eut ni le courage ni le bonheur d'imiter son repentir. Il succéda alors à son curé : intrus, il occupa la place du pasteur légitime ; mercenaire, il se chargea de conduire un troupeau dont Dieu ne lui donnait pas la garde ; il ne le préserva en effet d'aucun égarement et d'aucune perte. Comme il était tout jeune prêtre et qu'il ne s'occupait pas de grand'chose, il n'eut presque aucun prestige dans la commune ; on le laissa tranquille. Il semble qu'il n'a pas long-temps cessé de dire la messe. Il n'est demeuré de lui, durant ce temps, presqu'aucun souvenir et aucune trace ; on ne trouve son nom qu'à l'occasion de réparations locatives au presbytère. Mais aucun registre ne fait mention de lui à partir de 1792. On est porté à croire qu'il négligea absolument d'écrire les actes de son ministère, si on peut l'appeler un ministère.

Dès qu'il fut devenu curé intrus, il eut pour vicaire un autre prêtre assermenté, Jean-Baptiste Fauchon, originaire de Quesney ; cette paroisse ancienne, actuellement réunie à celle de Contrières, avait pour seigneur, avant la Révolution, Mr de St-Ebremond : le château de Quesney était un des châteaux les plus renommés de la contrée.

Jean-Baptiste Fauchon, vicaire intrus, suivit exactement l'exemple et imita l'attitude de son curé.

Durant la Révolution, les paroissiens se divisèrent en trois partis bien tranchés.

Un petit nombre demeura fidèle à la pureté de la foi. Obéissant à l'Eglise privée de pasteurs légitimes, ils refusèrent d'assister aux offices célébrés par l'intrus. Dès qu'un prêtre qui avait donné lui-même bien des scandales, mais qui s'était rétracté avant les autres, Mr Amy, de Contrières, recommença à dire la messe dans une des salles du château de Quesney, le petit troupeau fidèle de St-Denis-le-Vêtu s'empressa autour de cet autel improvisé.

L'antique famille Le Conte d'Ymouville était à la tête de ces chrétiens qui n'avaient pas fléchi le genou devant Baal ; aussi fut-elle exposée à la persécution et victime de fréquentes tracasseries : un jour, on pénétra dans son manoir de Bosville pour briser les fleurs de lys et les autres emblèmes coupables de sentir l'aristocratie. Un autre jour, quatre hommes portèrent de force à la messe schismatique le chef de la famille. Cependant, si on ajoute à cela quelques attaques personnelles, quelques vols et pillages, on a le résumé de ce que cette maison et les autres qui l'imitèrent eurent à souffrir pour leur fidélité.

Mr de St-Denis, seigneur de la paroisse, et son fils, Mr de Tracy, moururent avant la Terreur.

M. Michel de Boisroger fut obligé de s'exiler en 1792. Ses filles, Mlles du Perron de Boisroger, allèrent se cacher à Coutances, et, grâce à un serviteur fidèle, nommé Folliot, elles purent échapper aux poursuites et retrouver après la Révolution une grande partie de leurs biens.

Mlle de la Benserie, du manoir de Brucourt, s'exila, après avoir vendu ses terres à un sieur Delarue.

Il y eut à St-Denis-le-Vêtu quelques révolutionnaires plus

ou moins violents, dont aucun néanmoins ne semble avoir eu le goût du sang. Ils assistaient à la décade, à laquelle ils étaient, du reste, peu fervents et peu réguliers.

Cette réunion, qui ne fut pas de longue durée et n'obtint jamais grand succès, avait lieu dans l'église. Celle-ci ne cessa que peu de temps d'appartenir au culte, quoique pendant quelques mois on y ait fait de la poudre. Malgré cette profanation, on commit à St-Denis moins de dévastations que dans bien d'autres paroisses.

Pourtant plusieurs statues furent renversées et brisées, les petits-autels détruits, le rétable du grand-autel arraché et vendu à vil prix, ainsi que plusieurs autres objets. Une honnête famille, la famille Le Conte, les acheta et se hâta de rendre tout, quand des jours meilleurs furent revenus.

Les cloches furent enlevées et converties en canons; on n'en laissa qu'une pour sonner les décades et la messe schismatique.

La croix du cimetière fut abattue et vendue à un paroissien de St-Denis, qui se servit des débris pour bâtir une charretterie. Trois ou quatre autres croix, qui étaient dans la paroisse, furent arrachées, entre autres la Croix fériale, près Roncey, la Planche-Croix et la Croix des Iles. On ne rapporte rien de frappant qui ait accompagné ces sacriléges.

Mais un homme de la paroisse, demeurant au Pont-de-St-Denis, répondant à l'appel du cynique Lecarpentier, était allé à Coutances pour renverser dans la cathédrale une statue de la Sainte Vierge : il eut les jambes prises dessous et fut grièvement blessé. On vit dans ce fait un châtiment divin.

Pendant la Révolution, la majorité de la paroisse fut ou abusée ou indifférente : les uns fréquentaient les offices du curé intrus, les autres restaient chez eux, ne prenant part ni aux décades ni au culte schismatique, ni aux gémissements et aux regrets des gens de bien.

La Révolution ne fit à St-Denis aucune victime sanglante. Les seigneurs disparurent bien vite : quelques-uns vendirent leurs biens à vil prix et partirent ensuite pour l'exil.

II

Saint-Denis-le-Vêtu depuis 1795 à 1803.

Les jours de la Terreur étant passés, la Constitution de l'an III (22 août 1795), tout en conservant la division du territoire français établie par l'Assemblée nationale, n'accordait une administration municipale qu'aux villes ayant plus de 5,000 habitants. Toutes les communes ayant une population inférieure à ce chiffre furent englobées dans une administration cantonale. Chacune des communes élisait un agent principal. Ces agents réunis composaient la municipalité cantonale, auprès de laquelle était placé un commissaire du directoire du district. St-Denis-le-Vêtu fit alors partie de l'administration cantonale de St-Denis-le-Gast.

En 1795, les Vendéens qui avaient organisé la guerre contre la République, afin de défendre le Clergé et la Royauté, firent la pacification générale avec le gouvernement du Directoire (1).

Mais dans l'ouest de la France, des bandes royalistes, sous le nom de Chouans, continuèrent la guerre de partisans contre la Révolution. Les Républicains, de leur côté, organisèrent, pour leur résister, des colonnes mobiles destinées à parcourir rapidement le pays et à le fouiller en tous sens pour découvrir et arrêter les Chouans et les prêtres réfractaires.

---

(1) Notice historique sur Savigny, par M. l'abbé Lemasson, curé-doyen de Montmartin-sur-Mer.

. A la fin de 1799, une petite armée de Chouans entra par Vire dans le département de la Manche et se répandit aux environs de Sartilly, Granville et la Lande-d'Airou. Elle pilla Cérences, s'arrêta à Contrières, où habitait un de ses capitaines, Louvel de Monceaux, et marcha sur le Cotentin. Elle passa par St-Denis-le-Vêtu ; là, elle demanda des vivres, surtout au village appelé Leboullay, près la Lande-d'Ouville, s'avança vers cette dernière paroisse, puis vers Savigny et Cametours (Cerisy-la-Salle), où eut lieu, en un endroit appelé la Fosse, un combat acharné. Les Royalistes y furent complètement défaits par les soldats de la République. Quelques débris de l'armée des Chouans repassèrent par le village du Malivernet, à St-Denis-le-Vêtu, se dirigèrent vers Guéhébert et se replièrent sur Villedieu.

Six jours après le combat de la Fosse, Bonaparte renversait le Directoire, établissait le Consulat et donnait à la France une nouvelle constitution appelée la Constitution de l'an VIII. Cette Constitution rendit à chaque commune son individualité, en confiant l'administration à un maire, assisté d'un conseil municipal. Alors Saint-Denis-le-Vêtu fit partie définitivement du canton de Cerisy-la-Salle. Au mois de mai 1800, le préfet de la Manche nomma maire Mʳ Etienne du Perron de Boisroger, fils de M. Michel du Perron, mort durant la Révolution. Mʳ Michel Esnée-Lafontaine lui fut donné comme adjoint. Le choix du maire était assurément une mesure de conciliation.

En l'année 1801, le Concordat rouvrait officiellement les églises au culte catholique. Il y eut alors un desservant provisoire pour la paroisse de St-Denis-le-Vêtu : les paroissiens fidèles avaient déjà, comme nous l'avons dit, suivi les offices de Mʳ l'abbé Amy, au château de Quesney. Il y eut aussi à St-Denis, au moins au commencement du siècle, quelques prêtres insermentés qui demeuraient dans des maisons particulières ; mais ils n'exerçaient point de ministère en public : Jean-Baptiste Bellais et son vicaire J.-B. Fauchon, prêtres assermentés, étaient encore à St-Denis et empêchaient les prêtres insermentés d'y exercer aucune influence.

On remarqua aussi dans la paroisse quelques personnes qui se rangèrent parmi les membres composant ce qu'on appelle la petite église et qu'on nommait communément *bétournés*. Ces personnes ne voulaient point reconnaître la valeur du Concordat et accepter comme prêtres légitimes ceux qui, après avoir prêté le serment schismatique, s'étaient rétractés.

CHAPITRE CINQUIÈME

CINQUIÈME ÉPOQUE

Saint-Denis-le-Vêtu depuis **1803 à 1889**

A la fin de 1803, M. Bellais cessa d'être curé de la paroisse de St-Denis-le-Vêtu et fut appelé, après sa rétractation, à la cure de la Vandelée ; il y resta jusqu'en 1815 et revint alors à Ouville, où il mourut peu de temps après.

Son vicaire, M. Jean-Baptiste Fauchon, après s'être rétracté de son serment, fut nommé vicaire de Chanteloup ; il quitta ce poste en 1808 et se retira à Trelly en qualité de prêtre habitué.

I

Premières réformes sous l'administration de M. Louis Legravereng, curé.

—

(1803 à 1837).

M. Bellais eut pour successeur M. l'abbé Louis Legravereng. Il était né à Guéhébert et avait mieux aimé subir l'exil au moment de la Révolution que de prêter serment à la Constitution civile du clergé ; en 1796, il était à Londres, d'où il adressait, avec plusieurs de ses compagnons d'exil, une supplique à Sa Sainteté Pie VI pour en obtenir des Indulgences spéciales.

Rentré en France, il fut nommé à la cure de St-Denis-le-Vêtu, le 27 novembre 1803.

Le 15 juillet de l'année suivante, Mgr Claude-Louis Rousseau, évêque de Coutances, annonçait un grand jubilé accordé par Pie VII, à l'occasion du Concordat. C'était, en effet, une joie pour le clergé et les fidèles de pouvoir reprendre les anciennes traditions religieuses interrompues par la tourmente révolutionnaire.

Toutefois, le nouveau curé de St-Denis-le-Vêtu eut la douleur de se voir en butte aux antipathies, aux tracasseries et aux menaces des révolutionnaires de la paroisse : il sut d'ailleurs les endurer avec une parfaite égalité d'âme. Malgré les efforts de ses ennemis, il fit refleurir la religion, pourvut l'église du mobilier le plus indispensable et remit tout en ordre.

M. René Delarue-Leslongchamps fut le premier trésorier provisoire à partir de 1803.

En 1805, Mr Bonté, vicaire-général de Coutances, nommait marguilliers-fabriciens Jean-Thomas Delarue-Brucourt et Charles Leroyer-Lesnoyers ; celui-ci fut choisi comme caissier, le 2 janvier 1806. On remarque aisément que le conseil de fabrique n'était pas encore à cette époque constitué tel qu'il est actuellement dans chaque paroisse. Il ne le fut complètement que par la loi de 1809. En cette année, on nomma des conseillers de fabrique parmi lesquels on remarquait M. Maximin Le Conte de Montmartin. Ce dernier était venu, au commencement du siècle, habiter le manoir de Bosville, dont il avait hérité par un legs de M. Le Conte d'Ymouville, son parent. Jean-François Delarue fut, en 1809, nommé secrétaire et trésorier de la fabrique : celle-ci fit alors réparer la couverture de la nef, de la tour et du chœur, et rejointiller la costière de la tour du côté du midi, depuis le dessous du cadran jusqu'au larmier, et celle du couchant dans toute sa surface. Elle fit aussi démolir une croisée du chœur qui était du côté du midi, vis-à-vis du grand-autel, et la fit reconstruire de la même grandeur et de la même forme que celles de la nef du même côté.

En 1812, la fabrique fit encore réparer un bâtiment qui était dans l'enclos du presbytère et qui servait de pressoir ; elle l'appropria à usage d'école, pour loger convenablement un instituteur et procurer un appartement capable de contenir les enfants. Le premier titulaire fut M. Jean Pennier, qui fut près de cinquante ans instituteur à St-Denis. Il fit, le 28 août 1856, une fondation à la fabrique de cette paroisse : elle consistait en une somme de quarante francs de rente 3 % à charge de faire célébrer chaque année, à l'intention du donateur et de Marie-Anne Lemazurier, son épouse, et de leur famille, six messes chantées et onze messes basses « qui seront célébrées de la manière suivante : dix pendant les cinq premiers mois de l'année et une dans chacun des autres mois. »

Vers 1812, M. Léonor Amy, également instituteur et maître de pension au village de la Cellerie, remplaçait comme trésorier de la fabrique M. Jean-François Delarue. M. Léonor Amy était un maître de pension remarquable : il attira à lui beaucoup de jeunes gens qu'il instruisit et éleva chrétiennement.

Une maison d'école de filles fut fondée en 1814, au bourg de St-Denis, en face de l'église, du côté de l'Orient. La première titulaire de cette école fut Mlle Rihouey, de Moyon : c'était une femme d'une grande piété et d'un dévouement extraordinaire ; elle fit, pendant quarante-cinq ans, un grand bien à la paroisse de St-Denis. Avant Mlle Rihouey, ce fut Mlle Laurence, nièce de M. Legravereng, qui fut institutrice à St-Denis ; elle le fut ensuite à Trelly.

M. l'abbé Legravereng avait soin de former ainsi une nouvelle génération pour remplacer la génération révolutionnaire. Aussi M⁅ʳ Dupont-Poursat estimait-il ce digne curé et
lui confiait-il quelquefois des missions importantes et diffi-
ciles : le 6 avril 1818, il fut chargé par lui de procéder, de
sa part et en son nom, à la vérification exacte de l'état de la
fabrique d'Ouville, ce qui était une tâche ingrate à remplir.
Dans le procès-verbal que M. Legravereng a rédigé de cette
affaire, on voit que, sauf M. de la Bellaisière, président de
la fabrique, le maire et les marguilliers d'Ouville méprisèrent
ses invitations et refusèrent de se trouver au bureau et d'y
rendre les comptes et les papiers nécessaires à leur vérification.

Sous la cure de ce vénérable ecclésiastique, plusieurs travaux furent faits au cimetière et au presbytère ; la croix
actuelle du cimetière fut érigée en 1813, par un sieur Guillet.

Les anciennes fondations furent reconnues grâce au zèle de
M. Legravereng et de M. Léonor Amy, trésorier ; celui-ci fit
amortir plusieurs rentes dues à la fabrique par des particuliers.

A la fin de la cure de M. Legravereng, il y eut quelques
fondations nouvelles de faites soit à la fabrique, soit à la
cure. La plus importante est celle de M. l'abbé Fauchon,
faite le 18 septembre 1835. M. l'abbé Jean-Joseph Fauchon,
originaire de Saint-Denis-le-Vêtu et domicilié à Saint-Lo,
léguait à la cure de Saint-Denis la jouissance d'une pièce de
terre de quatre-vingts ares, à charge de célébrer ou de faire
célébrer, chaque année, douze messes hautes suivies d'un
Libera, dans chacun des mois de l'année. M. l'abbé Fauchon
donna aussi une rente de 2,200 francs pour les personnes
pauvres, âgées et infirmes, et pour l'instruction des enfants
indigents de la paroisse. M. Fauchon a ainsi dépensé en
œuvres de bienfaisance une partie de la fortune immense

qu'il avait acquise à l'île Bourbon ou de la Réunion. Il mourut à Saint-Lo en 1840.

Au commencement du siècle, il y eut d'abord à Saint-Denis-le-Vêtu quelques prêtres habitués qui secondèrent M. l'abbé Legravereng dans sa lourde tache : ce fut M. Moncel qui commença à dire la messe le dimanche ; il recevait pour cela une rétribution du conseil municipal. Dès 1806, il fut nommé curé du Mesnil-Aubert. Après lui, M. Hardy, qui habitait au Pont-de-Saint-Denis, rendit le même service à la paroisse, pendant un temps assez court.

Ensuite, M. l'abbé Founaud vint dire la messe le dimanche, dans l'église de Saint-Denis-le-Vêtu (1); puis il remplit les fonctions de vicaire à Roncey, et mourut en odeur de sainteté en 1823.

En cette même année, M. l'abbé Vallet, né à Trelly, fut nommé vicaire à Saint-Denis-le-Vêtu, où il demeura pendant treize ans. Il fut ensuite nommé curé à Brectouville, puis à Belval et enfin à Mesnil-Aubert, où il est mort après avoir vécu en bon prêtre.

Nous avons dit que M. Louis Legravereng, curé, s'occupa après la Révolution de restaurer le temporel de son église ; mais il voulut surtout réédifier l'édifice spirituel si ébranlé par la tourmente révolutionnaire. Il fit prêcher à sa paroisse quelques missions. On remarque principalement celle du mois d'octobre 1828, donnée par M. Louis Leclerc, missionnaire du diocèse ; celui-ci érigea, dans la paroisse de Saint-Denis, la pieuse confrérie du Chemin de la Croix, avec les indulgences qui y sont attachées.

---

(1) Ainsi la paroisse de Saint-Denis, qui avait avant la Révolution jusqu'à cinq et six prêtres, en était réduite à un curé et à un prêtre habitué. Voilà le produit de cette ennemie de la religion ; car ce n'était pas particulier à cette paroisse.

M. l'abbé Legraverong mourut au mois d'avril 1837, rempli d'années et de mérites.

II

Réformes plus importantes depuis 1837 à 1879

Le 7 mai 1837, M. Jean-Baptiste Hébert prenait possession de la cure de Saint-Denis-le-Vêtu. Il était originaire de Tourneville (Montmartin-sur-Mer). Il fut d'abord professeur au Petit-Séminaire de Mortain, puis vicaire à Saint-Pierre-de-Coutances ; c'est de là qu'il fut appelé à la cure de Saint-Denis-le-Vêtu. C'était un prêtre capable, zélé et instruit. Arrivé à Saint-Denis, il y trouva malheureusement quelques abus, et il voulut les attaquer de front : c'est ce qui mécontenta l'administration de Saint-Denis.

La fabrique était illégale ; il voulut, en 1838, la faire légaliser par les autorités compétentes, c'est-à-dire par l'autorité épiscopale et l'autorité préfectorale. Le choix de M. le Préfet se porta sur M. Guillaume Pennier, capitaine en retraite, chevalier de la Légion-d'Honneur, et sur Jacques Osmond-Lesprès ; celui de Mgr l'Evêque, sur MM. André Leroux-Lelongpré, Hippolyte-Michel Boudier et Aimable-François Leroux-Beaupré. M. le capitaine Pennier fut nommé trésorier. Quelques jours après, M. le curé de St-Denis-le-Vêtu, muni d'une ordonnance de Mgr Robiou, évêque de Coutances, rassemblait au presbytère ses fabriciens et leur lisait une lettre de l'Evêché concernant la reddition des titres et papiers de la fabrique demeurés aux mains de l'ancien trésorier. Celui-ci rendit ses comptes un mois après. M. le curé révisa les billets illégaux qui avaient été faits par les trésoriers durant la constitution illégale de la fabrique.

Outre cette réforme, la paroisse lui doit une instruction

solide, persévérante et persuasive. Ce fut lui qui érigea, à St-Denis-le-Vêtu, les statues actuelles de la sainte Vierge et de saint Joseph. Il fit un bien réel, au point de vue spirituel, durant sa cure, qui, malheureusement, fut de courte durée.

Il eut pour vicaire M. l'abbé Parrain, qui resta à St-Denis pendant douze ans.

M. l'abbé Hébert eut à lutter contre les paroissiens pour la sonnerie des cloches : Mgr Robiou, évêque de Coutances, ayant obtenu du gouvernement un tarif légal, voulut faire appliquer ce tarif dans les paroisses de son diocèse. Beaucoup de ces paroisses résistèrent ; St-Denis-le-Vêtu s'entêta dans cette résistance. M. Jean-Baptiste Hébert, ne pouvant arrêter le flot du mécontentement, aima mieux demander son changement que de faire face à la tempête, et il fut nommé curé-doyen de Montmartin-sur-Mer. Peu de temps après son installation, il mourut en disant la messe, frappé d'une apoplexie foudroyante. On peut dire de lui qu'il fit le bien partout où il passa. Il prépara la voie des grandes réformes à M. l'abbé Gougeon, qui lui succéda en 1839.

M. Charles Gougeon, né à Céaux en 1803, appartenait à une de ces familles patriarcales de petits cultivateurs, où les vocations ecclésiastiques éclosent le plus souvent comme une bénédiction réservée à la pureté des mœurs et à la mâle simplicité de la foi.

Il perdit, tout jeune, son père, dont il vénérait la mémoire. Sa mère lui restait, et elle réalisait le type de la femme forte, douce, patiente autant qu'énergique. Il la perdit bientôt, ainsi que plusieurs de ses frères. Après avoir fait ses études au collège d'Avranches et son cours de Grand-Séminaire à Coutances, il fut ordonné prêtre en 1814, nommé vicaire à Milly, puis à St-Hilaire-du-Harcouët et à Barenton, où il a laissé un précieux souvenir de son passage. A Barenton, en particulier, il accomplit une mission difficile. Quand il y arriva, M. l'abbé Abraham, curé-doyen de cette paroisse, prêtre d'un immense talent, confesseur de la foi, vénéré et admiré de tous ceux qui le connaissaient, n'avait plus assez de force à dépenser dans une paroisse pleine de foi qui demandait beaucoup de zèle et d'activité. M. Gougeon, prié avec larmes de se charger de la conscience de ce prêtre éminent et d'ailleurs exemplaire, crut de son devoir de lui imposer préalablement l'obligation de se démettre de ses fonctions, et il fut obligé de se faire une violence dont il disait qu'elle avait été le plus pénible sacrifice de sa vie entière (1).

Ce fut ce prêtre énergique que l'autorité épiscopale envoya à Saint-Denis-le-Vêtu. Il arrivait à une époque difficile. Mais il n'était pas homme à se laisser arrêter par les obstacles, il n'avait pas peur : « Je ne crains que Dieu, » répétait-il souvent. Mais aussi son âme était-elle craintive, presque jusqu'à l'excès, devant ce Dieu de majesté dont les jugements le saisissaient jusqu'au tremblement physique.

A son arrivée à Saint-Denis, la fabrique se reconstitua : M. Auguste Deslandes, percepteur, en fut élu trésorier ; il garda cette fonction jusqu'en 1844. A cette époque, M. Hippolyte Boudier le remplaça et fut trésorier jusqu'en 1873.

M. Gougeon ne fit pas tout d'abord exécuter de grands travaux ; il attendit que les esprits se fussent calmés : car, malgré la vivacité et l'énergie de son caractère, il savait se contenir, quant il s'agissait de la gloire de Dieu. Tout, dans sa conduite, tendait à ce but, et même l'exubérance de franchise et de jovialité que certains pourraient lui reprocher, n'était chez lui, vu l'ensemble de sa vie, qu'un moyen d'attirer les âmes à Dieu. Il agissait envers son peuple comme un bon père qui aime en même temps qu'il châtie ses enfants ;

---

(1) Art. de M. l'abbé Mustel : *Revue Catholique* du 10 juillet 1879.

il avait étudié la manière de ramener ses brebis au bercail : il s'est servi de la verve gauloise, de « la nature vive et primesautière, » que Dieu lui avait donnée. Sans doute il n'a pas suivi en cela les chemins battus, et il est plus admirable qu'imitable. Il a réussi, au moins dans l'ensemble, à faire de la population de Saint-Denis une population foncièrement chrétienne ; un autre, il est vrai, aurait bien pu échouer en employant les mêmes moyens. Cependant il établit des œuvres durables, que tout autre prêtre zélé peut fonder : je veux parler des confréries du Sacré-Cœur de Jésus, du Saint-Cœur-de-Marie, de saint Joseph et du Scapulaire. Mais surtout il fonda la congrégation des Enfants de Marie et celle des Mères chrétiennes ; il rendit toutes ces œuvres florissantes et fructueuses, grâce aux soins assidus qu'il leur donnait et au zèle avec lequel il les encourageait.

Il fit prêcher souvent, à la congrégation des Enfants de Marie, des retraites qui ranimèrent la piété et formèrent une génération de femmes vraiment chrétiennes. En outre, il donnait à sa paroisse plusieurs missions. Deux furent particulièrement remarquables : l'une fut prêchée par M. l'abbé Gilles, son vieil ami d'enfance, alors missionnaire diocésain et ensuite curé-doyen de Barenton ; il avait pour collaborateur M. l'abbé Gosse, actuellement curé de Saint-Cyr-du-Bailleul. L'autre fut prêchée à la fin de sa cure par M. l'abbé Leroux, actuellement curé-doyen de Beaumont, et par M. l'abbé du Mesniladelée, alors curé de Montchaton, actuellement curé de Muneville-sur-Mer. Ces deux missions ont laissé un souvenir précieux et durable dans la paroisse.

M. l'abbé Gougeon avait une tendre dévotion pour la Très-Sainte-Vierge, et il cherchait à l'inculquer dans les âmes de ses paroissiens. Il dirigeait ces âmes d'une manière admirable ; aussi avait-il un nombre considérable de pénitents de sa paroisse et des paroisses voisines.

7

Sa foi était vive et communicative ; on la voyait éclater sur tout au saint autel ; la sainte Eucharistie l'attirait tout entier, et c'était la forme vivifiante de sa piété, qui fut toujours très tendre. Sa charité était grande pour Dieu et le prochain : les pauvres étaient sa famille de prédilection ; « il ne put jamais être sévère envers eux et il se dépouilla constamment en leur faveur (1). » Il rétablit en 1840, à Saint-Denis-le-Vêtu, le bureau de bienfaisance aboli à l'époque de la Révolution.

Beaucoup de jeunes gens lui doivent leur instruction ou leur apprentissage. Il favorisa aussi les vocations ecclésiastiques. Durant sa cure, on remarque, parmi les prêtres originaires de St-Denis, M. l'abbé Frédéric Delarue, curé d'Esglandes, l'une des trois paroisses de Pont-Hébert ; M. l'abbé Girot, prêtre d'une science profonde ; il fut d'abord professeur de mathématiques au Collége et Petit-Séminaire de Saint-Lo, puis curé de Pirou, et enfin aumônier de l'hospice de Villedieu, où il est décédé en 1885. M. l'abbé Girot a fait, en 1884, une fondation dans l'église de St-Denis-le-Vêtu, sa paroisse natale ; cette fondation consiste en une rente donnée pour faire une mission à St-Denis, au moins tous les dix ans ; ce prêtre zélé continuera ainsi de sauver des âmes après sa mort, en même temps qu'il contribuera à procurer à la sienne le repos éternel, si elle ne l'a déjà en partage.

Ce fut surtout à la fin de sa cure que M. Gougeon put réunir autour de lui un grand nombre d'ecclésiastiques de sa paroisse ; ce fut, pour ainsi dire, sa couronne de gloire sur la terre, avant d'aller recevoir celle du Paradis. M. l'abbé Lepoultel, curé de Notre-Dame-du-Roule (Cherbourg), ancien aumônier de la marine ; le Révérend Père Achard de Leluardière, professeur au Petit-Séminaire de St-Lo, prêtre de l'Oratoire ; M. l'abbé Hardy, curé actuel de Rouffigny (Ville-

---

(1) M. l'abbé Mustel, *Revue Catholique.*

dieu) ; M. l'abbé Loisel, curé de Bréville (Bréhal) ; M. l'abbé André, vicaire à Courcy (Coutances), tels sont les ecclésiastiques dont M. l'abbé Gougeon guida les premiers pas dans la vie sacerdotale.

Dans ses dernières années, l'on voyait éclore d'autres vocations sacerdotales qui se sont réalisées sous la cure de son successeur, M. l'abbé Huvé : nous voulons parler de M. l'abbé Périer, professeur de mathématiques au Petit-Séminaire de Saint-Lo, et de M. l'abbé Besneville, professeur au Petit-Séminaire de Mortain.

M. Gougeon favorisa aussi les vocations religieuses, et plusieurs jeunes filles ont embrassé, durant sa cure, la vie du cloître.

Tout en s'occupant du spirituel, il ne négligea point le temporel. En 1853, il agrandit l'église : ce travail, qui aurait peut-être pu être exécuté dans de meilleures conditions, a du moins permis à ses paroissiens d'assister en plus grand nombre aux cérémonies du culte.

Il renouvela tout le mobilier de l'église, construisit la sacristie, établit le maître-autel et exécuta divers autres travaux à l'église.

Auparavant, en 1846, il avait fait acheter deux cloches et fait refondre l'ancienne.

Pour raviver la foi dans la paroisse, il fit ériger de nouveau la plupart des anciennes croix abattues pendant la Révolution et y en ajouta même d'autres. En 1860, il fit réparer une petite croix, près le village des Iles.

En 1865, il fit relever, près de Roncey, la croix Fériale, dont il ne restait que le palier : Mme veuve Aimable Néel donna cinquante francs et M. le curé donna cent francs. En 1867, il a établi une croix en granit près du manoir appelé le Châtel : M. Delarue-Duclos a donné l'emplacement; et Mme veuve Lehodey, du manoir de Laulne, en a payé quarante-trois francs ; M. le curé a donné cent cinquante francs. En 1859, un Calvaire avait déjà été établi par ses soins sur le terrain donné à la cure par M. l'abbé Fauchon : ce Calvaire a coûté huit cents francs ; une souscription des paroissiens a rapporté quatre cents francs, et M. Gougeon a payé le reste. Dans ses dernières années, ce curé si plein de foi et de zèle a fait élever, sur la route d'Ouville, une nouvelle croix dite de la Mauvillière ; M. Hercent-Lelongpré a donné l'emplacement.

Avant de terminer le récit abrégé de cette vie de M. Gougeon, disons un mot de ses bienfaits envers sa famille, cruellement éprouvée : M. Gougeon fut la providence de ses parents comme il l'était des pauvres de sa paroisse ; quelques-uns des membres de sa famille lui durent leur éducation complète. Un de ses petits-neveux, très bon chrétien, est actuellement banquier à Honfleur ; il possède, à St-Denis-le-Vêtu, une propriété où il vient passer chaque année une partie de l'été.

M. l'abbé Gougeon a certainement passé à St-Denis en faisant le bien : aussi sa mémoire est-elle toujours en bénédiction et le sera-t-elle longtemps dans la paroisse : *Memoria justorum in benedictione erit.*

Il eut d'abord pour vicaire M. l'abbé Parrain, pendant huit ans et demi. Ce digne prêtre est mort curé de St-Maur-des-Bois (St-Pois). M. l'abbé Vichard lui succéda et demeura environ quinze ans à St-Denis-le-Vêtu, où sa mémoire est demeurée pleine de sympathie et de respect ; il fut d'abord nommé curé de Nouainville (Octeville), puis de Nay (Périers), où il est mort, après avoir joui de l'estime de tous les honnêtes gens. Il eut pour successeur M. l'abbé Ludovic Mustel, né à Muneville-sur-Mer, actuellement rédacteur de la *Revue Catholique*, de Coutances : cet ardent défenseur des droits de Dieu et de la religion catholique fut, pour ainsi dire, l'*alter ego* de M. l'abbé Gougeon, dont il a conservé un souvenir de vénération. M. Mustel fut deux fois nommé vicaire à St-Denis, en 1862 et à la fin de 1869 ; dans l'intervalle, au commencement de 1869, M. l'abbé Lepesteur fut vicaire à St-Denis-le-Vêtu ; il est actuellement curé de Fontenay (Mortain).

Au mois de juillet 1870, M. l'abbé Adam, né à Coutances, remplaça M. l'abbé Mustel ; il fut nommé, à la fin de 1873, vicaire à Bricquebec ; de là il fut appelé à la cure de Maupertuis, et récemment il est revenu près de St-Denis, à Trelly, dont il est curé à l'heure actuelle.

Il eut pour successeur M. l'abbé Gillette, qui fut, en 1876, nommé vicaire à St-Sauveur-le-Vicomte, puis curé à Lestre (Montebourg), et enfin à Plomb (Avranches), où il est actuellement.

M. l'abbé Boizard le remplaça. Il fut, en 1879, nommé vicaire à Ponts-sous-Avranches, et il est actuellement curé de Bouillon (Granville).

Sous la cure de M. Gougeon, le 19 juillet 1842, eut lieu à St-Denis le mariage entre messire Pierre-André-Marie-Godefroy Achard de Leluardière, et noble demoiselle Caroline-Suzanne-Thérèse Le Conte de Montmartin. M. Achard s'établit à St-Denis, au manoir de Bosville. La famille Achard est une très ancienne famille de Normandie, originaire du pays de Domfront.

Parmi les compagnons de Hugues de Vermandois à la première croisade, en 1096, on cite le nom d'Achard de Montmerle, vieillard aux cheveux blancs, que les Trouvères appellent le Nestor de la Croisade (1).

Un membre de cette famille, le bienheureux Achard, d'abord abbé de St-Victor, à Paris, fut nommé, en 1161,

---

(1) *Histoire de l'Eglise,* par Darras, t. XXIII, page 375.

évêque d'Avranches. On lui attribue plusieurs traités restés manuscrits, entre autres : *De tentatione Christi et de divisione animæ et spiritus*. Henri II, roi d'Angleterre, avait pour lui une estime particulière, quoiqu'il fut l'intime ami de saint Thomas de Cantorbéry. Il tint sur les fonts baptismaux Aliénor, sa fille, depuis épouse d'Alphonse IX, roi de Castille. Il mourut en odeur de sainteté en 1171, quelques mois après le martyre de son ami saint Thomas Becket, archevêque de Cantorbéry et primat d'Angleterre. On fait mémoire de lui le 10 octobre (1).

M. Pierre Achard, qui vint s'établir à St-Denis-le-Vêtu, était un homme d'une foi robuste et d'un courage chevaleresque : on voyait vraiment revivre en lui un des anciens chevaliers de la croisade ; c'était un de ces hommes de caractère qui deviennent rares à notre époque. M. Achard était un homme de principes et il a toujours été ferme dans la ligne de conduite qu'il s'était tracée. Il est décédé pieusement dans son manoir de Bosville, le 24 octobre 1887, âgé de 82 ans.

Madame Achard, décédée avant lui au mois de janvier 1883, était une femme d'une aménité et d'une piété remarquables.

M. Henri Achard de Leluardière, récemment décédé, était docteur-médecin ; il avait épousé une demoiselle de la Perrelle, de Saint-Amand, près Thorigny. C'était, à l'exemple de son père, un homme ferme dans ses convictions ; il a supporté avec une rare énergie le cruel mal qui l'a emporté dans la tombe.

Le R. P. Achard, prêtre de l'Oratoire, est professeur de seconde au Petit-Séminaire de Saint-Lo.

(1) *Grande Vie des Saints*, par M. J. Collin de Plancy, avec le concours de M. l'abbé Darras. Il a, dans cette *Vie des Saints*, le titre de vénérable ; d'autres lui donnent celui de bienheureux.

M. Louis Achard et Mlle Ernestine Achard de Leluardière
sont demeurés au manoir paternel, à St-Denis-le-Vêtu :
M. Louis Achard est président de la fabrique et conseiller
municipal. Mlle Achard est présidente des Enfants de Marie
et édifie par ses vertus la population de Saint-Denis.

La mère de Madame Pierre Achard, Mme Le Conte de
Montmartin, a fait, le 31 décembre 1841, une fondation à la
cure de St-Denis-le-Vêtu ; elle consistait en une rente de
115 francs, à charge de célébrer cinquante-sept messes
basses aux intentions de la donatrice et de toute sa famille.

Le 14 avril 1846, Mlle Sophie de Boisroger faisait également une fondation à la cure ; cette fondation consistait en
une rente de cent cinquante francs au capital de trois mille
francs, à charge de faire célébrer à perpétuité, chaque semaine, une messe basse pour elle et toute sa famille.

M. Sinésius Prée, ancien notaire et maire de Thorigny,
parent du côté de sa femme des demoiselles du Perron de
Boisroger, hérita du château et du domaine où elles rési-
daient; il vint s'y établir avec trois de ses filles. M. Prée
était un homme foncièrement chrétien, et les habitants de
St-Denis, mais surtout de Thorigny, ont pu apprécier son
bon sens exquis et son rare talent pour les affaires. Il sut se
faire craindre même de ses adversaires, et M. Léonor Havin,
ancien député de la Manche et conseiller municipal de Thorigny, se laissa quelquefois dominer par l'ascendant de
M. Prée, premier magistrat de sa commune. Cet homme de
bien est décédé à St-Denis-le-Vêtu, au mois de février 1879.
Une de ses filles est actuellement religieuse au couvent des
Augustines, à Coutances, et porte le nom de Sœur Saint-
Antoine.

Ses autres filles, mesdemoiselles Berthe, Alice et Antoi-
nette, sont encore actuellement à St-Denis et se font remarquer par leur zèle pour les bonnes œuvres.

Parmi les bienfaiteurs de la paroisse de Saint-Denis durant la cure de M. Gougeon, l'on ne pourrait passer sous silence le nom des demoiselles de Gouberville ; bien qu'elles habitassent ordinairement le château de Quesney, elles avaient néanmoins un pied-à-terre au bourg de Saint-Denis ; elles ont été, pendant plusieurs années, la providence des pauvres de cette paroisse, et elles ont fait des dons considérables à l'église de Saint-Denis.

Sous la cure de M. l'abbé Gougeon, outre les fondations que nous avons citées, il y en eut encore un grand nombre d'autres qui furent constituées. Il excitait beaucoup au culte pour les morts, et actuellement ce culte est un des traits distinctifs de la paroisse.

M. l'abbé Gougeon mourut au mois de juin 1879 et alla recevoir la récompense de ses travaux. Une grande foule, attristée jusqu'aux larmes, assista à ses obsèques, et les soixante enfants de Marie suivaient son cercueil, précédées de leur bannière en deuil.

Le 1er novembre 1886, M. l'abbé Mustel, un de ses anciens vicaires, a béni son magnifique tombeau en granit, donné par les paroissiens. Sur ce tombeau, on lit entre autres les paroles suivantes : « *Pater eram pauperum*, j'étais le père des pauvres. » Sa cure peut se résumer en deux mots : foi et charité.

III

Construction du Presbytère actuel sous la cure de M. Louis Huvé

(depuis 1879)

A M. l'abbé Gougeon succéda M. l'abbé Louis Huvé. Né à Saint-Brice-sous-Avranches, en 1837, M. Huvé commença ses études sous la conduite de son vénérable oncle, d'abord professeur au collége d'Avranches, puis précepteur des enfants de M. le marquis de Montécot, et curé de Poilley et de Folligny.

M. Huvé appartient à une famille remarquable par son esprit de religion et par son attachement aux bonnes traditions du passé. Un de ses grands-oncles fut curé de la Godefroy, et au moment de la Révolution, ce digne curé aima mieux s'exiler en Angleterre que de prêter serment à la constitution civile du clergé. Le père de M. Huvé a été, pendant de longues années, maire de Saint-Brice.

M. Louis Huvé acheva ses études au Petit-Séminaire de Mortain, entra en 1861 au Grand-Séminaire de Coutances et fut ordonné prêtre en 1865. Il fut d'abord nommé vicaire à Cambernon, puis à N.-D. de Saint-Lo, où il passa près de dix ans. De là, il fut appelé, le 16 juillet 1879, à la cure de Saint-Denis-le-Vêtu. Il fut installé par M. l'abbé Langlois, alors archiprêtre de Saint-Lo, qui n'était pas seulement son curé, mais encore son intime confident ; du reste, le curé et le vicaire étaient deux amis d'enfance qui surent s'apprécier l'un l'autre et se rendre de mutuels services (1).

A la même époque, M. l'abbé Gustave Bouchard, récemment ordonné prêtre, originaire de Saint-Lo, venait remplacer M. l'abbé Boizard.

A son arrivée à Saint-Denis-le-Vêtu, M. l'abbé Huvé trouva les choses en bon état au point de vue spirituel. Mais sous le rapport matériel, il y avait bien à faire ; il succédait à un vieillard qui, dans ses dernières années, avait, malgré son zèle, négligé certaines choses. Les ornements et les linges nécessaires au culte commençaient à devenir rares. Les premiers soins du curé furent de pourvoir l'église de ces objets ; il acheta beaucoup de choses pour la décoration des autels. Il

(1) M. l'abbé Langlois était né à Avranches.

fit nettoyer et reblanchir les murs intérieurs de l'église et de
la sacristie. Mais l'œuvre matérielle jusqu'à présent la plus
importante de sa cure (1), c'est celle de la construction du
presbytère. Le presbytère qu'il occupa à son arrivée était
une ancienne maison insuffisante et tombant en ruines ; il
fallait à tout prix la remplacer. Ce n'était pas une petite
affaire ; toutefois, M. le curé l'entreprit, et, grâce au concours
intelligent et dévoué de M. Lehodey, maire de la commune
depuis 1863, il la mena à bonne fin. On commença les travaux
au mois de novembre 1880, et à la fin de juillet 1883, M. le
curé entra en possession de sa nouvelle demeure ; 24,000 francs
furent dépensés pour cette construction ; la commune, sans
le secours de la fabrique, fournit les fonds. Mais si la fabrique
ne donna rien pour le presbytère lui-même, en revanche,
elle prit l'engagement de faire construire à ses frais les dé-
pendances de la nouvelle habitation.

M. Huvé continue de maintenir sur un bon pied les œuvres
qu'avait établies son vénéré prédécesseur. Il a déjà donné
deux missions : la première a été prêchée, en 1881, par le
R. P. Lenvoisé, prêtre de l'Oratoire, actuellement directeur
du Petit-Séminaire de Saint-Lo, et par M. l'abbé Estard,
professeur au même Séminaire. Cette mission a duré environ
quinze jours. Pendant ce temps, les deux missionnaires
s'employèrent avec un zèle admirable au salut des âmes.
Dieu bénit leur ministère ; presque toutes les femmes et la
plupart des hommes répondirent avec empressement à l'appel de Dieu.

Cinq ans plus tard, au mois de septembre 1886, une seconde mission fut donnée, à l'occasion du Jubilé, par les
RR. PP. Charles et Edouard, religieux Récollets, de Caen, et

---

(1) Nous disons jusqu'à présent : car il y a des travaux importants à
exécuter à l'église, et cette histoire est faite en grande partie au profit de
cette œuvre.

produisit des fruits abondants de salut. Par leur parole éloquente et par les saintes industries de leur zèle, ces deux hommes de Dieu remuèrent la population et l'amenèrent en très grande partie au Tribunal de la réconciliation et à la Table sainte.

Le dimanche de la clôture, M. l'abbé Legoux, vicaire-général, l'intime ami de M. le curé de St-Denis, relevait par sa présence l'éclat de la solennité.

M. l'abbé Bouchard ayant été nommé, au mois de juillet 1882, vicaire à St-Pierre-de-Coutances (1), fut remplacé par M. l'abbé Rabec : ce jeune prêtre demeura jusqu'en 1885 à St-Denis-le-Vêtu ; il fut nommé vicaire à Saint-Saturnin d'Avranches, où il est actuellement. Au mois de juillet 1885, il fut remplacé par M. l'abbé Quinette (2), né au Guislain en 1861, et ordonné prêtre le 29 juin 1885.

Sous la cure de M. Huvé, en 1884, est décédée, à Saint-Denis-le-Vêtu, une femme remarquable par sa charité et son zèle pour les bonnes œuvres : c'est Mme Ve Lehodey, née Jeanne-Mélanie de la Brugère, originaire de Granville, demeurant au manoir de Laulne. Elle dépensait chaque année plus de la moitié de ses revenus pour le soulagement des pauvres, la décoration des autels, le soutien des vocations ecclésiastiques et diverses bonnes œuvres. Elle a fait, en 1863, une fondation à la fabrique de St-Denis-le-Vêtu ; elle consistait en une rente de 60 francs, à charge de célébrer des services religieux. Son fils, ancien juge d'instruction à Rouen, est venu s'établir à St-Denis-le-Vêtu, au manoir de Laulne.

---

(1) Il est actuellement curé de la Barre-de-Sémilly (Saint-Lo).
(2) Ses parents demeurent à Saint-Lo depuis 1866.

CONCLUSION

Voilà les principaux faits que nous avons cru pouvoir signaler. Qu'en pouvons-nous conclure ?

Les évènements qui ont eu lieu avant la Révolution ne sont pas les moins intéressants, vu l'ignorance ordinaire que l'on a des faits paroissiaux avant cette époque.

Nous avons été, à ce sujet, franc et impartial. Notre récit, avec les quelques remarques que nous avons déjà faites, tend à montrer que l'ancien régime était fondé sur le respect envers l'autorité, et qu'il ne pouvait subsister, sauf diverses modifications, que par le maintien du respect. Mais celui-ci ayant diminué peu à peu, surtout depuis la fin du dix-septième siècle, la Révolution de 1789 est venue, pour ainsi dire, donner une sanction solennelle à ce déchaînement du peuple contre l'autorité. Cette diminution du respect envers le pouvoir religieux et civil avait des causes profondes et éloignées. Avouons qu'une des causes principales était la licence, la corruption, le luxe, le séjour prolongé à la Cour de beaucoup de seigneurs influents : les châteaux et les abbayes, par exemple, avaient en grande partie été désertés par leurs représentants naturels et directs, et ainsi les populations, excitées d'ailleurs par les railleries et les conceptions révolutionnaires des philosophes incrédules, tels que Voltaire et Rousseau, s'étaient détachées peu à peu de leurs autorités séculaires. Il y avait donc, nous sommes loin de le nier, des abus à détruire pour ramener les masses au respect des autorités naturelles fondées sur la tradition.

Mais, en 1789, la Révolution, au lieu de chercher à faire revivre ce respect si nécessaire pour le bon ordre dans la société, ne fit qu'accélérer le mouvement d'indiscipline et de révolte contre l'autorité religieuse et civile, et le peuple, renversant tout pouvoir, prit lui-même violemment, par l'intermédiaire de ses représentants, les rênes de l'autorité ! Ce peuple n'aurait-il pas dû se contenter d'exprimer à l'autorité ses doléances, sans se précipiter sur elle et la fouler aux pieds ? Il est d'ailleurs certain que la double autorité religieuse et civile désirait elle-même des réformes ; mais elle ne voulait pas qu'elles fussent aussi violentes et aussi contraires à tout ordre religieux et social.

Pour opérer ces réformes, il aurait fallu les circonscrire dans les saines limites de l'ordre chrétien. Or, la plupart des députés des Etats-Généraux étaient imbus d'une erreur très funeste à la France, celle du Gallicanisme. Par cette erreur, l'autorité, en France, empiétait sur le pouvoir suprême du Pape, au point de vue de la discipline ecclésiastique, tout en demeurant attachée à la foi catholique et à la morale chrétienne. Cette erreur explique la sécularisation des biens ecclésiastiques décrétée par l'Assemblée constituante, sans aucun consentement du Souverain Pontife, et la constitution civile du clergé établie par cette même Assemblée ; cette erreur amènera plus tard l'addition des articles organiques au Concordat. Malheureusement, la royauté et beaucoup de membres du clergé, mais surtout le Parlement de Paris, avaient soutenu et maintenaient cette erreur accréditée par les légistes ; ces autorités, ne respectant pas assez l'autorité du Saint-Siége, furent punies par où elles avaient péché : elles ne surent pas faire respecter leur propre pouvoir.

Ah ! si le respect dû au pouvoir du Siége apostolique avait dominé l'Assemblée des Etats-Généraux en 1789, le Pape aurait alors sauvegardé la religion en France ; nous pouvons même croire qu'il aurait pu, par son prestige, éviter la Révolution ; elle a été dirigée principalement contre l'Eglise de France et elle a, par contre-coup, atteint l'Eglise universelle.

Aux Etats-Généraux de 1614, ce fut le respect de l'autorité suprême du Saint-Siége qui empêcha en France la révolution et le schisme d'éclater : le Tiers-Etat, composé de membres gallicans, voulait que l'Eglise de France n'admît point les décrets du Concile de Trente et proclamait qu'il n'y avait puissance en terre, quelle qu'elle fût, spirituelle ou temporelle, qui eût droit sur le royaume.

Mais le cardinal du Perron, par son éloquence persuasive, fit respecter par le roi, le clergé et la noblesse, la suprême autorité du Saint-Siége, et la France resta catholique (1).

L'autorité du Pape, voilà véritablement le salut des nations, comme elle est celui des individus ; c'est à ce pouvoir suprême qu'il faut toujours revenir comme au centre de l'ordre chrétien.

---

(1) *Histoire de l'Eglise catholique en France*, par M. l'abbé Iager, t. XVI, p. 300-307.

La Déclaration de 1682 a préparé les voies à la Révolution de 1789, en diminuant le respect envers l'autorité. Le Concile du Vatican, en 1869, a rétabli ce respect sur une base inébranlable et a défini que le Pape possède dans l'Eglise une autorité suprême et infaillible. Cet acte solennel de respect a été, il faut l'espérer, le prélude d'une contre-révolution en France et en Europe !

FIN

TABLE DES MATIÈRES

Imprimerie de Henri Gibert, à Avranches. — 7954

ERRATA

Page 24 (30ª ligne). — Au lieu de : les recouvrir et loger, lisez : les *recepvoir* et loger.

Page 25 (16ª ligne). — Au lieu de : quittance du récépissé, lisez : *quictance du recepveur*.

Page 26 (31ª ligne). — Au lieu de : maistre Pierre Anquetil, vicomte de Coutances, lisez : *vicomte d'Estouteville*.

Page 62 (5ª ligne). — Au lieu de : duc de Bourgogne, lisez : *duc de Bourbon*.

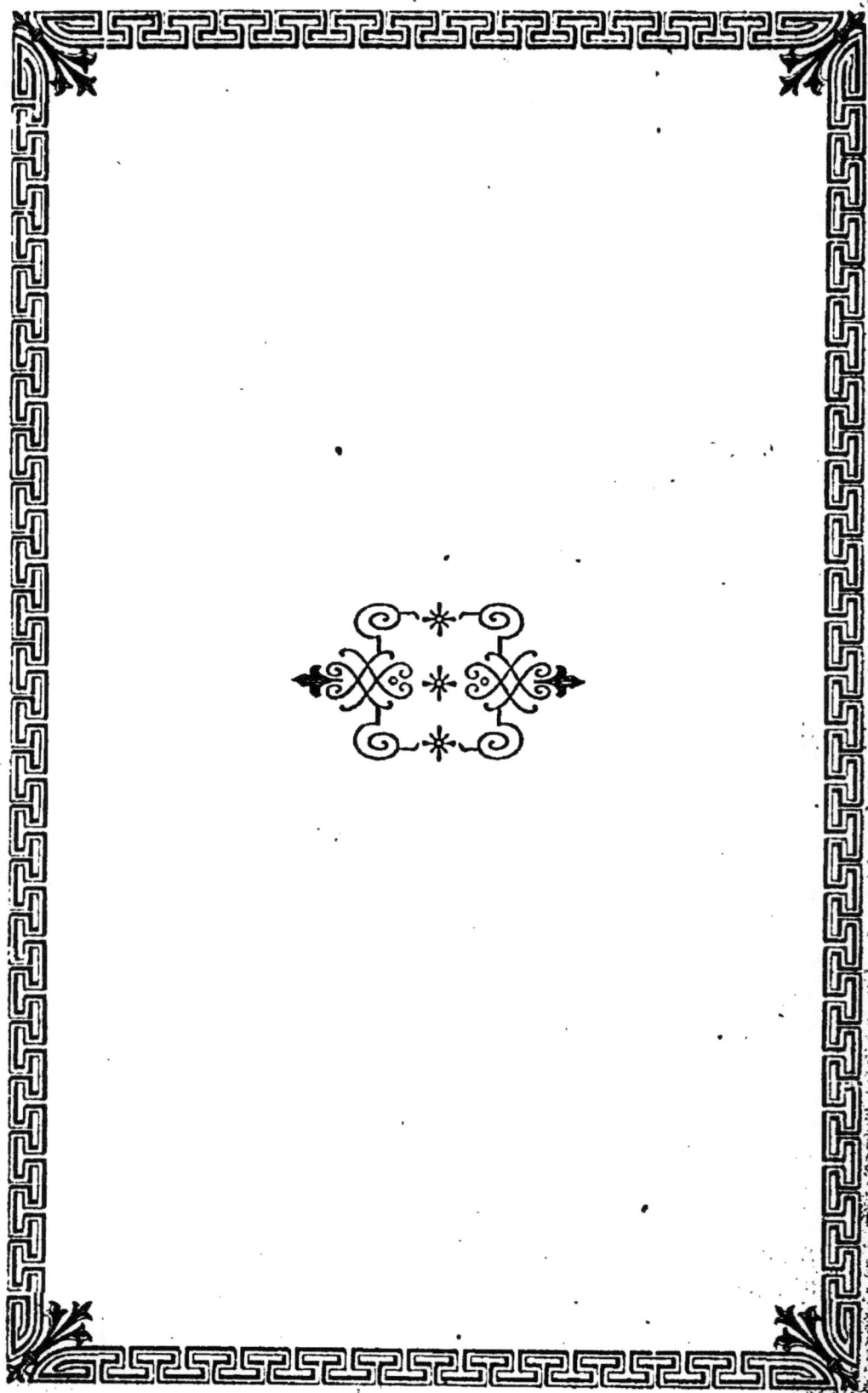

www.ingramcontent.com/pod-product-compliance
Lightning Source LLC
Chambersburg PA
CBHW051737090426
42738CB00010B/2301